普陀山佛學叢書　主編　會閒

阿彌陀經箋註

丁福保　著　星月　點校

華東師範大學出版社

《普陀山佛學叢書》編纂委員會

顧問

忻海平　道　慈　邱平海　潘德榮

主編

會　閒

編委（按名氏音序排列）

陳宏成　黄曙輝　會　閒　界　定　戒　修　净　妙

净　旻　羅　顥　門　肅　能　進　如　義　沈小揚

通　了　惟　航　心　舉　信　光　星　月　袁德新

源　流　湛　空　張曉林　智　宗　鍾　錦　宗　慧

宗　柱

《普陀山佛學叢書》序一

在佛教文化中，有一樁很值得自豪的事業，就是典籍的整理。佛教典籍，作爲三寶住世的重要載體，自來受到教界、學界和廣大信衆的珍視。在佛陀涅槃後不久，就開始了第一次結集，可以看作是佛教典籍整理的源頭。從此之後，結集不斷進行。同時，佛教典籍也在增加——大乘經典的出現，諸類注疏的繁興，後世著述的湧現，儘管數量巨大，也都得到不斷地整理。只要看看各種不同的大藏經，就可以知道佛教典籍整理的成果是何等豐碩了。

這些整理工作的成績絶對令人驚歎。首先，佛教典籍整理的工作遍及寬廣的地域，産生了包羅宏富的藏經體系。世界上現存的大藏經有巴利語、漢文、藏文三大體系，有巴利語、漢文、藏文、西夏文、蒙文、滿文、日文七種文字流傳。這還不包括只剩下少數零散貝葉本或紙寫本的早期梵文經典，以及雖有刊刻卻未見傳世實物的契丹文大藏經。即使在世界文化史的範圍内，也很難看到如此宏富的典籍體系。其次，佛教典籍整理的工作貫穿着長久的歷史，各種體系的藏經都在不斷地完善着。就漢文大藏經來説，至遲在隋代，初期的手寫大藏經已經流傳。同時還有石刻藏經，如房山雲居寺就保存有從隋至明的各類石刻經版一萬五千餘塊。印刷術的發明，使得北宋初年就出現了第一部刻版大藏經——《開寶藏》。此後，我國歷代官、私所修的大藏經，目前已知的計有二十一種。在國外編印的漢文大藏經也有九種：朝鮮的《高麗藏》初雕、再雕兩種，日本的《弘安藏》《天海藏》《黄檗藏》《弘教藏》《卍字藏》《卍字續藏》《大正藏》七種。目前，中國大陸和中國臺灣正在分别編纂的《中華大藏經》和《佛光大藏經》，都力圖成爲能够體現最新水準的新版大藏經。在我國没有任何一部典籍彙編，具有大藏經這樣不斷完善的歷程。比起數十部大藏經來，名聞遐邇的《四庫全書》顯得孑然孤立。

透過這些整理工作，使我們看到一代代佛教典籍整理者的虔敬和匠心。他們的虔敬，使得藏經的整理完全不藉外緣。俗話説，「盛世修典」，典籍的整理總需要一個太平盛世提供種種物質的支援。但是，藏經的編修卻並不如此，即使在亂世，這個工作也不曾停頓。信仰給予了這個工作無量的支持，人世的滄海桑田又何足摇動？他們的匠心，卻又使得藏經的整理最爲善用外緣。只要利於佛教典籍的流傳，他們無不擇取。貝葉上，紙帛上，碑石上，佛教典籍無處不在。我們在最早的紙質印刷品上看到的，是佛經。我們現在能够利用的最爲完善的中文典籍電子檢索系統，是大藏經。他們從未錯失時運所賦予的機緣。

正是有了他們的努力，佛教典籍得以大批保存，使後來虔誠求法的信衆得以親近法寶。

「感恩」二字，對於他們實在顯得太輕太微薄。也許，最真切的「感恩」，應該是繼承他們的願望，將佛教典籍整理的工作隨着新的機緣不斷推出弘揚。就是出於這個信念，我們中國佛學院普陀山學院啟動了這套《普陀山佛學叢書》的編輯工作。

我們首先希望能夠繼承前輩們編修藏經的傳統，盡力搜集整理未曾入藏的佛教典籍，逐步完成一個較爲系統的藏外文獻彙集。陸續進行近現代佛教典籍注疏系列、巴利文梵文藏文佛教典籍翻譯系列、近現代佛學名著系列、海外佛學名著系列等的整理刊印，從多方面、多角度拓展藏經的内涵。

我們對於佛教面向新時代的機緣，也有一個自己的理解。儘管佛教一直給予中國文化以深遠的影響，但是佛學仍然需要走入中國學術的中心，發揮更爲關鍵的作用。或許，這就將出現在這個時代。爲了將佛教典籍整理引向學術路徑，我們有意展開如下工作：重視佛教典籍的版本價值，推出佛學善本叢刊；以觀音、天台宗文獻爲核心，對入藏典籍進行標校整理，提供既符合古籍整理規範又便於閱讀的新版本；編輯整理當代海内外的佛學論著，關注佛學研究的最新動態。

我們中國佛學院普陀山學院也將圍繞佛教典籍整理展開自己的教學科研，組織力量對重要的佛學典籍進行注釋。嘗試以乾嘉學派的客觀實證方法研治佛學典籍，提供能幫助讀者進一步深入理解佛學的可靠讀本。我們期待這一注經工作，能夠成爲中國佛學院普陀山學院的長期學術事業。

當然，這個設想是過於宏大了，也遠遠超出了我們目前的實力。但是發一個宏願，必將有一份動力。我們相信，經過長期不懈的努力，一定能夠爲佛教典籍的長久流傳做一份貢獻。何況，普陀山自來就有的文化傳統，衆多善知識的熱心參與，都給了我們信心。同時，我們也熱忱期望，有更多的同道來參與這個事業。

法門無量誓願學。學佛法，必然從典籍開始。整理佛教典籍，將是我們中國佛學院普陀山學院義不容辭的責任。

中國佛學院普陀山學院院長　釋道慈*

述於普陀山普濟禪寺　二〇一三年四月五日

---

* 釋道慈，全國政協委員，中國佛教協會副會長，浙江省佛教協會名譽會長，普陀山佛教協會會長，普陀山普濟禪寺方丈，中國佛學院普陀山學院院長。

《普陀山佛學叢書》序二

《普陀山佛學叢書》即將出版，我由衷地感到欣慰。我以爲，這件事的意義遠不止出版了一套叢書，而是從中體現了普陀山佛教文化發展的新面貌。

普陀山承擔着半個亞洲的信仰，其得天獨厚的地位，帶給我們的不僅是自豪，也是責任。編纂《普陀山佛學叢書》，體現了普陀山佛教協會對於發展普陀山這一不容推辭責任的主動擔當。在當今社會條件之下，佛教發展越來越需要提升文化的内涵，著書立説應當成爲振興正信佛教的一大重要任務。普陀山佛協在推動普陀山發展的過程中，始終將文化置於自己的視野中，是迎合時代主題的。擔任叢書編纂任務的中國佛學院普陀山學院，也切實貫徹了佛協的精神。在他們的叢書構劃中，既有特别編輯獨具普陀山自身文化特色的《觀音藏》的願望，也有全面整理佛教文化典籍的抱負。而且，不止於對佛教文化典籍的整理，也發心以整理典籍爲核心展開自己的學術事業，服務於佛教的弘揚。我相信，他們的這項工作，必將積極促進普陀山的文化建設和未來發展。

這是普陀山發展中喜人的新面貌。之所以我非常贊賞並樂意支持他們的這項工作，是因爲這項工作的意義特别重大。理理紛繁萬千的思路，想到要處理好的兩個辯證關係，也寫出來，大家共勉。

我首先想到的是社會和文化的關係。可以説，我們中華民族正在穩步走向全面復興的道路上，舟山也已走進「新區」時代。前所未有的社會條件給予文化發展一個最佳的契機，佛教界當然也不例外。面對如此良好的社會發展機遇，我們每一個人都應該感到珍惜，想到回報。社會和文化之間存在一個辯證關係，社會給文化提供條件，文化也會促進社會的完善與發展。我們理應通過佛教文化的弘揚，爲社會的完善與發展盡心盡力。普陀山的佛教界都有一個共同的認識，普陀山已經超越了「香火興廟」的時期，應該認真考慮「文化興教」的問題了。發掘佛教文化對於當前社會建設的積極因素，逐步消除「香火興廟」時期的消極因素，是佛教界在完善自身形象，促進社會發展過程中必須率先予以關注的。我看到在叢書的字裏行間，對此有所意識，有所覺悟。

還有傳承和發展的關係。叢書畢竟是中國佛學院普陀山學院的學術工作，文化自身的意義還是應該突出的。對於文化來説，傳承和發展也是辯證的。發展以傳承爲基礎，傳承以發展爲目標。我們不能急於求成，一味强調佛學院法師們自己的著書立説，首先應該宣導甘於在經典中的沉浸並不斷加深自身涵養的氛圍。叢書中對於大德先賢著述的整理，值得贊許。不過，決不能僅僅止步於此，我們殷切期待法師們能夠從前輩經典的沉浸中儘快超越，在新的學術環境下，「究天人之際，通古今之變，成一家之言」。叢書中關於這一目標的設想，也盼望衆位法師念念不忘。

《普陀山佛學叢書》的出版，是個良好的開端。普陀山佛教文化事業的發展，卻是長期的歷程。它對於社會的積極促進，則是不斷的跋涉。

是爲序。

忻海平*

二〇一三年四月七日

* 忻海平，中共舟山市委常委，市委秘書長，市委統戰部部長。

《阿彌陀經箋註》整理弁言

鍾錦

諦閑大師在給丁福保《阿彌陀經箋註》所寫的序言中説：「佛法自白馬馱來，至今千幾百年。往往通經居士出手眼而疏解者，代不乏人。概喜繁言莊飾，總未越文字窠臼，習之難忘也。兹閲仲祜先生各種箋註，明顯簡易，句句有宗，全無胸臆之見。真長夜之寶炬、渡海之津梁也。」大師對丁氏固多獎掖之語，但還是真確地指出了他各種佛經箋註的長處。這就是既能「句句有宗」，又能「全無胸臆之見」，而且「明顯簡易」，是我們閲讀佛經很好的入門讀物。

其實，佛經的歷代注疏卷帙浩瀚，水準超出丁氏的實在太多。但對於不通佛學的一般讀者來説，一下就被「繁言莊飾」的形式嚇退了，再也無法進入深湛的佛理之中。當然，那「繁言莊飾」的形式，也決非只是「文字窠臼」，實在是菩薩祖師、高僧大德們深思極想的必然表現。舉個顯而易見的例子。天台智者大師一生精研《法華》，他對《法華經》的義理闡發，絶不在印度諸大論師之下。可是，如果讓一個初讀《法華經》的讀者，直接讀他的《法華文句》，恐怕這位讀者很可能終身不得其門而入了。因此，諦閑大師所謂的「長夜之寶炬，渡海之津梁」，實在是對初讀者而言的。對於這樣的任務，丁福保的箋註應該説是可以勝任的。

當然，我們也看到比丁氏更爲「明顯簡易」的佛教讀物，卻是我們不敢贊同的。這些讀物最多給予初讀者文句的疏通、難字的注音，甚者附上一些庸俗的報應之談。不僅不能使人進入佛陀的深微妙理，而且不小心可能誤入歧途。這樣看來，丁氏箋註「句句有宗，全無胸臆之見」的優長之處就非常重要了。

就拿這部《阿彌陀經箋註》來説，經文比較簡易，不少人都能誦讀。但其中涉及的背景、名相、妙理等，恐怕就非人人盡知了。雖有雲棲袾宏大師的《彌陀疏鈔》、智旭藕益大師的《阿彌陀經要解》，但是如同諦閑法師所説「類皆文言法語，自非初機淺識人能得實益」。（《阿彌陀經白話解釋序》）丁氏箋註原本諸書，義理皆有宗旨，注釋曉暢，引據確鑿。讀來既不艱澀，會心又不偏失，應該説，是我們初讀《阿彌陀經》時可以首選的讀本。

不過，我們也需要看到，閱讀丁氏箋註在知識水準上有個上下限的約制。下限，不能低於一般大學水準的文化要求；畢竟，佛學的接受需要一定的知識基礎，希圖普通大眾都能理解，依然還有很長的路程要走，不是目前就能做到的。上限，在初讀者既已入門並且有了自己的會心理解之後，丁氏的箋註就顯得幫助不夠了；這時，菩薩祖師、高僧大德們的疏解，就成爲我們自然的渴求，而丁氏箋註的任務即告完成。

鑒於丁氏箋註的這個特點，我們的整理也就只是施加上了現代規範標點，並未對原文錯誤進行全面校勘，只是隨文改正了一些明顯誤植。《阿彌陀經箋註》全稱《佛說阿彌陀經箋註》，原爲丁福保創辦的醫學書局所出《佛學叢書》的一種，民國間鉛字排印。今星月法師根據這個印本進行整理，希望給予讀者一個較爲方便適用的讀本。

目録

佛説阿彌陀經箋註序……一
箋經雜記……一三
阿彌陀經靈異記……二六
佛説阿彌陀經箋註……三五
法會衆證分第一……三七
佛土依正分第二……四八
寶樹池蓮分第三……五一
天人供養分第四……六〇
禽樹演法分第五……六四
佛德無量分第六……七一
往生發願分第七……七六
修持正行分第八……七九

同讚勸信分第九……八五
聞法信願分第十……九六

佛說阿彌陀經箋註序

天台沙門諦閑述
無言居士黃章註

佛法

《勝鬘經》：「一切佛法攝八萬四千法門。」○《法華經・序品》：「照明佛法，開悟衆生。」○《無量壽經》上：「光融佛法，宣流正化。」○《止觀》二：「法界法是真佛法。」○《大寶積經》四：「如來嘗說一切諸法皆是佛法，以於諸法能善了知名爲佛法。」○《金剛經》：「如來說一切法皆是佛法。」

自白馬馱來，

《漢法本内傳》：「明帝永平三年庚申，四月八日，帝寢南宮，夢金人長丈六，項佩日光，胸題卍字，飛行殿庭，去來無礙。旦問羣臣，時太史傅毅進曰：『臣聞西域有神，其名曰佛，陛下所夢，將必是乎？』國子博士王遵對曰：『臣按《周書異記》云，周昭王二十六年甲寅，四月八日，有聖人生於西方。今陛下所夢是也。』帝以爲然，即遣定遠將軍蔡愔、中郎將秦景、博士王遵等十八人使西域，訪求佛道。六年癸亥，蔡愔於天竺隣境月支國遇摩騰、竺法蘭，得佛倚像并梵本經六十萬言，載以白馬，相與東還。八年乙丑，蔡愔等達洛陽，摩騰入闕獻經像。帝大悦，館於鴻臚寺。法蘭亦間行而後至。十年丁卯，勅於洛陽城西立白馬寺以居之。以白馬馱經，遂名曰白馬寺。是年騰蘭譯《四十二章經》。」

至今千幾百年。

自漢永平至今，已一千八百餘年。

往往通經

《穀梁傳序》：「凡傳以通經爲主，經以必當爲理。」○揚子《法言》：「古者之學耕且養，三年通一經。」○經，指佛經而言。○《隋志》：「佛經者，西域天竺之迦維衛國淨飯國王太子釋迦牟尼所説。」○《北史·魏汝南王悦傳》：「好讀佛經，覽書史。」

居士

《輟耕録》云：「今人多以居士自號。考之六經，惟《禮記》有『居士錦帶』，注謂『道藝處士』也。吴曾《能改齋漫録》云：『居士之號，起於商周之時。』《韓非子書》曰『太公封於齊，東海上有居士狂矞、華士昆弟二人立議曰：吾不臣天子，不友諸侯，耕而食之，掘而飲之』云云。則居士之名由來久矣。」《南史》：「阮孝緒屏居一室，家人莫得見其面，親友因呼爲居士。」「到洽築室岩阿，幽居積歲，時人號曰居士。」「虞寄居閩中，知刺史陳寶應有異志，恐禍及，乃着居士服，居東山寺。」《魏書》：「盧景裕不仕，貞素自得，人號爲居士。」

出手眼

迺賢《大悲閣》詩：「如何千手眼。」

而疏解者

《禮·經解》：「疏通知遠。」○唐太宗詔孔顥達與諸儒，擇定五經義疏，敷暢傳注，謂之正義。今通謂之疏。○《文心雕龍》：「解者，釋也。解釋結滯，徵事以對也。」

代不乏人。

如著《華嚴經大意》、《新華嚴經論》及《決疑論》之李通玄，註《四十二章經》之宋真宗皇帝，著《法華經合論》之張商英，著《般若心經解義節要》之宋濂，著《楞嚴經精解評林》、《法華經精解評林》及《圓覺經精解評林》之焦竑，著《楞嚴經宗通》、《楞伽經宗通》、《金剛經通宗》及偈釋之曾鳳儀，著《成唯識論證義》及《因明入正理論集解》之王肯堂，著《楞嚴經如説》之鍾惺，著《華嚴合論簡要》、《般若心經提綱》之李贄，著《楞嚴蒙鈔》及《集般若心經略疏小鈔》之錢謙益，著《楞嚴經證疏》之凌弘憲，著《楞嚴經貫攝》之劉道開，著《金剛經大意》及《心經大意》之王起隆，著《金剛經會解了義》、《心經解》及《法華卓解》之徐昌治，著《金剛經郢説》之徐發，著《金剛經註正訛》及《心經註疏》之仲之屏，著《金剛經淺解》之翁春王錫琯，著《般若心經釋略》及《金剛經統論》之林兆恩，著《般若心經註解》之諸萬里，著《楞嚴經約説》之陸西星，著《大寶積經述》之徐鍔，著《金剛經註解鐵鈫銘》之屠根，著《金剛經補註》之韓巖、程衷懋，著《金剛經正解》之龔概，著《金剛經彙纂》《心經彙纂》之孫念劬，著《法華經科註》之徐行善，著《金剛經易解》《心經易解》之謝承謨，著《般若心經句解易知》之王澤注，著《維摩經詳註》之楊起元，著《摩訶阿彌陀經衷論》之王耕心，著《無量壽經起信論》《觀無量壽經約論》《阿彌陀經約論》《淨土十三經論》之彭際清，著《金剛經解義》《心經解義》之徐槐庭，著《金剛經心印疏》《金剛經註》及《訂義》之俞樾，著《大宗地玄文本論略註》及《佛教初學課本》之楊文會等，是皆歷代居士中註釋經典闡揚正教之尤著者也。

概喜繁言莊飾，總未越文字窠臼，窠臼猶言現成格式。故蹈常習故者，謂之落窠臼。○黄庭堅詩：「取意尋常没窠臼。」○案：繁言莊飾，如歷來注經者，輒仿西方龍樹菩薩《大智度論》，以致頭緒繁多，甚且穿鑿失真，不易檢查，令閲者心厭神疲。不知《大智度論》是論體，註疏者，當用註體。體致不明，而自以爲得所依據。龍樹無過，而歷來解經者，總未越文字窠臼也。

習之難忘也。

《金史·劉焕傳》：「戒之曰：『孝弟敬慎，則爲君子。暴戾隱賊，則爲小人。自今以往，毋狃於故習。』」

兹閲仲祜先生

《論語》包咸注：「先生，成人也。」趙岐《孟子注》：「學士年長者，謂之先生。」

各種箋註，

箋，謂表明古人之意，或斷以已意，使可識別也。如鄭玄註《毛詩》曰《鄭箋》。○註，謂解釋其義而條記之也。○《晉書》：「此書詎復須註。」

明顯簡易，句句有宗，

宗，宗經也。《止觀輔行》一之一：「宗者，尊也，主也。」○《法華玄義》一上：「宗者，要也。」按：註經者宜以經爲主要，故句句廣引經文以證明之。如漢儒解經，確守師法，而不敢有所臆造。

全無胸臆之見。

胸臆謂當胸之處。舊説人之思想在心，故謂意想曰胸臆。○《唐書》：「百家縱胸臆之説。」

真長夜之寶炬，

凡夫流轉生死，昏寢於無明，故謂之長夜。○《法華經·譬喻品》：「汝亦長夜隨我受學。」○《唯識論》七：「未得真覺，恒處夢中，故佛説爲生死長夜。」○《勝鬘寶窟》中本：「生死遠曠名長，無解自照稱夜。」○蕭子良書：「燭昏霾於慧炬，拯淪溺於法航。」○李邕《大雲寺碑》：「爇梁提之炬，則枳棘滌除。」

渡海之津梁也。

度，渡也。○《增一阿含經》六：「渡流成無漏，以渡生死淵。」○《付法藏傳》曰：「欲出三界生死大海，必假法船，方得度脱。」○《法華經·序品》：「諸仙之導師，度脱無量衆。」○津梁者，立橋川上，以便行人往來也。○《説苑》：「十月而津梁成。」○《爾雅注》：「箕斗，天漢之津梁。」

嗟乎！迷途懸曠，

迷途者，迷之境界也，指三界六道而言。○《菩提心論》：「夫迷途之法，從妄想生。」○懸曠，幽遠也。○《法華經·提婆品》：「佛道懸曠。」

苦海無邊，

苦無邊際，譬之於海，故曰苦海。○《法華經·壽量品》：「我見諸衆生，没在於苦海。」○《楞嚴經》四：「引諸沉冥，出於苦海。」○《心地觀經》二：「常於生死苦海中，作大船師濟羣生。」○無邊，廣大無邊際也。○《起信論》：「虚空無邊，故世界無邊。世界無邊，故衆生無邊。衆生無邊，故心行差別亦復無邊。」

捨淨土一門，

淨土，聖者所住之國土。無五濁之垢染，故名淨土。○《攝論》八：「所居之土，無於五濁。如彼玻璃珂等名清淨土。」○《大乘義章》十九：「經中時名佛地，或稱佛界，或云佛國，或云佛土，或復説爲淨刹、淨首、淨國、淨土。」○淨土一門，指淨土宗。淨土宗爲願求往生阿彌陀佛國土之宗。○楊文會《十宗略説》：「以念佛明心地，與他宗無異。以念佛生淨土，惟此宗獨別。」○《往生要集》上本：「依念佛一門，聊集經要文。」

那有出生死路？

《楞嚴經》曰：「生死死生，生生死死，如旋火輪、未有休息。」〇《圓覺經》曰：「始知衆生，本來成佛。生死涅槃，猶如昨夢。」〇《增一阿含經》三十九：「梵志不明曉，猶涉生死岸。」〇出生死路，往生極樂也。

故持名念佛，

《觀無量壽經》：「汝好持是語，持是語者，即是持無量壽佛名。」〇念佛約分三種：一稱名念佛，口稱佛名是也。二觀想念佛，靜坐而觀念佛之好相功德是也。三實相念佛，佛陀之法身，非有非空，中道實相之理也。〇《觀無量壽經》：「若念佛者，當知此人是人中分陀利華。」〇《楞嚴經》五：「我本因地以念佛心入無生忍。」〇《起信論》：「以專意念佛因緣，隨願配分他方佛土。」〇《往生要集》中本：「往生之業，念佛爲本。」

誠對症之良劑也。

物之配合而成者曰劑。良劑者，良藥配合而成，故曰良劑。〇《家語》：「良藥苦口利於病。」

近聞先生箋註《佛說阿彌陀經》，

《佛說阿彌陀經》有二譯：一爲姚秦鳩摩羅什，一爲唐三藏法師玄奘。今所箋註者爲秦譯本。〇《彌陀要解》云：「華嚴奥藏，法華秘髓，一切諸佛之心要，菩薩萬行之心願，皆不出於此矣。」

喜不自禁。敢述片言

《文賦》：「立片言而居要，乃一篇之警策。」

於簡端，

簡，牒也，竹簡也。古未有紙，載文於簡，謂之簡札。○端，首也。

以爲讀經者勸。

讀經爲《法華經》所説五種法師行之一。正心端坐，目覩經文，口宣句讀也。

夫

《帝範》註：「夫音扶，語辭。」

佛法之妙，莫妙於淨土。淨土之妙，莫要於持名。持名之妙，莫要於此經。

《閲藏知津》三：「《阿彌陀經》，鳩摩羅什譯。佛在祇園，與比丘菩薩諸天大衆俱，無問自説。告舍利弗，稱讚西方極樂世界阿彌陀佛不可思議依正功德，勸人發願求生，但以執持名號爲行。復引六方各恒沙佛，出廣長舌，勸信流通。今時叢席，皆奉之爲晚課。真救世神寶，圓頓上乘也。」

欲讀此經，必先閲先生之箋註。

吴敬恒《八大人覺經箋註序》：「三藏奥典其藴深秘，向日衲氏箋疏，務暢玄論，不重訓解。所以詞理鮮通，難達經旨。先生乃發願以中土詩書箋詁之法，施於梵經，並欲就漢魏古譯，先加釋註，重初源也。案：此經之箋註，一遵漢儒註經之例，句句皆有來歷，不敢杜撰一字，爲從來經註之所未有。陸象山謂『六經皆我註脚』，吾於先生之箋註亦云。」

讀此經，然後肯生信

《寶積經》云：「佛言：『父王今當念西方世界阿彌陀佛，常勤精進，當得佛道。』爾時父王與七萬釋種聞説是法，信解觀喜，悟無生忍。」〇楊文會《十宗略説》：「四生六道，蒙佛接引，與上位菩薩，同登不退。非佛口親宣，誰能信之。」

發願。

《往生要集》下本：「四十八願中，於念佛門，別發一願。」〇五代永明延壽禪師曰：「念佛發願之時，懇苦翹誠，無諸異念。如就刑獄，若在狴牢，怨賊所追，一心求救，願脱苦輪。速證無生，廣度含識。紹隆三寶，誓報四恩。如斯至誠，必不虛棄。」〇張師誠曰：「信而無願，信即虛浮。須拚此一生咬定牙根，非往生極樂國土不可，非此生即往生不可。如此發願，方可謂之決定。」

有真信切願，然後始肯老實念佛。

蓮池大師曰：「無知妄談禪理，不如老實持戒念佛。」案：念佛原以了生死，蓮池大師常書「生死事大」四字於案頭以自策。及臨終謂弟子曰：「老實念佛，莫换題目。」

肯老實念佛，此生便有出生死期。

《六祖壇經》：「永嘉玄覺禪師曰：『生死事大，無常迅速。』」○《大集經》九十：「當行生死即涅槃，於諸欲中實無染。」○《十宗略説》：「此宗以觀想持名兼修爲上。否則專主持名，但須信願切至，亦得往生也。」

須知信、願、行三，

覺明妙行菩薩偈曰：「阿彌陀一句，萬法之總持。心與聲相依，念茲復在茲。感應不思議，蓮開七寶池。」又偈曰：「少説一句話，多念一句佛。打得念頭死，許汝法身活。」○張師誠曰：「信既篤矣，願既堅矣，無實行以自勵，則信爲徒信，願爲徒願。空言無補何能倖獲？」

實淨土之資糧。

人之遠行，必假糧食以資其身。三乘之證果，必藉善根功德之資糧以助己身。○《最勝王經》六：「具足資糧，超諸聖衆。」○《唯識論》九：「爲趣無上正等菩提，修習種種勝資糧故。」

蓋古人獨以此經爲日課者，

憨山大師曰：「《彌陀經》一卷，所説都是彼佛國土境界實事。其修行之方，但以念佛爲主。每日早起禮佛，即誦《彌陀經》一卷，即持數珠誦阿彌陀名號，或三五千聲或一萬聲完。即對佛回向，發願往生彼國。

此是早功課。晚亦如是，以爲定課。」

豈非以持名一法普被三根者乎？

《教乘法數》三：「三根者，聲聞爲下根，緣覺爲中根，皆鈍根也。上根指菩薩言，是利根也。根有利鈍，故斷惑證果不同。」〇又三根者，一未知欲知根，二知根，三知已根。詳《大智度論》二十三。

有志於道者，

《論語·里仁》：「士志於道。」又《述而》：「志於道。」註：「志，慕也。道不可體，故志之而已。」案：此之所謂道者別異於是，試以釋典證之。《大乘義章》十六：「諸行同體，靈融無礙，名之爲通，通故名道。」〇《三論玄義》：「至妙虚通，目之爲道。」〇《俱舍論》二十五：「道義云何？謂涅槃路，乘此能往涅槃城故。」〇《法界次第》中之下：「道以能通爲義。正道及助道，是二相扶能通至涅槃，故名爲道。」〇《淨土論註》下：「道者，無礙道也。」〇《華嚴大疏》十八：「通至佛果，故名道。」

請勿忽諸。

箋經雜記

余箋註《阿彌陀佛經》既畢，客謂福保曰：所謂三千大千世界者，吾曹可見其一二乎？答之曰：可。《法苑珠林》四，引《樓炭經》曰：「星是諸天宮宅。」又曰：「若依内經，此諸星宿，並是諸天宮宅，内有天住。」據此則知吾人所見之各星宿，即三千大千世界中之一小體也。天空星球無量，世界無邊，故非肉眼凡夫所能妄測。

客曰：《金剛經》有世界化爲微塵之語，世界豈亦有時而毁壞耶？答曰：凡十方所有一切世界，皆有成刦、住刦、壞刦、空刦四種，每歷一刦，凡三萬三千六百萬年。《大藏一覽》曰：「成而即住，住而續壞，壞而復空，空而又成，連環無盡。譬如浮橋，用二十年，方造得成。又二十年，跨水度人。又二十年，方壞得盡。又二十年，無橋惟水。都將成住壞空八十轆轤結算，總計一十三萬四千四百萬年，爲始終之極數。所有曠大刦來，世界成壞不可窮盡也。」余謂此皆星宿毁壞之説也。而星宿亦有相撞者，《因本經》曰：「其風四布吹諸天宫，使諸天宫相拍，碎若粉塵。直至天下諸大山王，相拍亦然。」總之一星球毁時，吾人在地面觀之，則爲星隕。其所謂碎若微塵者，則爲隕石。試以經史證之。隕石於宋，紀於《春秋》。星隕如雨，詳於《漢志》。谷永對言

《春秋》記異，星隕最大，自魯莊以來，至今再見」是也。《唐書・天文志》：「大和七年六月戊午，日暮及曙，四方流星，大小縱横百餘。」考後世《天文志》記星隕者甚夥，語繁不及備録。

三界中所有世界，均有毀壞之一日，惟阿彌陀佛，壽命最長，名曰無量壽佛。其所處之淨土，名曰極樂世界。然吾人處於穢土而與之言淨土中種種事物，此最難取信者。試以鄉間積水中之小蟲喻之。

窮鄉僻壤間，有積水一盂，其中有小蟲，曰孑孑（俗名打拳蛆）。蟲處一盂之内，即以一盂爲世界。不知一盂之外，尚有極壯麗之通都大邑在也。猶人之局於所見，而不信有淨土也。及孑子化而爲蚊，蟬蜕其濁穢，栩栩然飛行甚速，始知一盂積水之外別有世界。猶人死之後而生於諸天也。其蚊一日忽飛入汽車，頃刻已至上海，見種種之繁華爲從來所未聞見。猶吾人之入極樂世界也。然欲以所聞見者，告諸盂内之小蟲，而羣虫仍以爲無稽讕言，無一蟲之肯信者。今吾人處此穢濁世界中而欲與談別一世界之極樂，其不信亦猶是焉。嗚呼！人苦不立志。苟終日乾乾，深信淨土而弗疑，吾知躍淵之龍，必能知孑孑之蟬蜕娑婆而遊於三千大千世界之中。與彼覺聖，聞異香，浴德水，聽奇妙雜色鳥之和鳴，衣食自然。朝以天華供無量恒沙諸佛，飯食經行，教化諸天。夜則入於禪定，不亦偉歟！

客曰：輪迴之説，自釋教來中國後始見之。使輪迴果有者，豈佛教未入中國以前，吾人不輪迴乎？何未之聞也？答之曰：佛教未來以前，吾國本有輪迴之事實及學説。雖文字簡略，試以余所知者，爲客述之。《易》之游魂爲變，宋陳無己以爲輪迴之説。《禮記》延陵季子之葬其子也，曰：「骨肉復歸於土，命也。若魂氣則無不之也。」《詩》曰：「維嶽降神，生甫及申。」言生時之各有託生也。「文王陟降，在帝左右。文王在上，於昭于天。」言死後之復返其所居也。《列子・天瑞篇》曰：「死之與生，一往一反。故死於是者，安知不生於彼？」鯀化爲黄熊，（《左傳》子産曰：「舜殛鯀於羽山，其神化爲黄熊。」）彭生變爲大豕。（《左傳》：「齊侯見大豕，從者曰：『公子彭生也。』公怒，曰：『彭生敢見。』射之，豕人立而啼。」）太叔處胎，天帝命名曰虞。（《左傳》：「武王邑姜，方震大叔。夢帝謂己：『余命而子曰虞，將與之唐。』及生，有文在其手曰虞，遂以命之。及成王滅唐，而封大叔焉。」）穆公處胎，伯儵名之曰蘭。（《左傳》曰：「初鄭文公有賤妾，曰燕姞，夢天使與己蘭曰：『余爲伯儵。余，而祖也，以是爲而子。以蘭有國香，人服媚之如是。』既而文公見之，與之蘭而御之。辭曰：『妾不才，幸而有子，將不信，敢徵蘭乎？』公曰：『諾。』生穆公，名之曰蘭。」）靈公處胎，康叔命名曰元。（《史記》：「衛襄公有賤妾，幸之，有身。夢有人謂曰：『我康叔也。今若子必有衛，名而子曰元。』妾怪之，問孔成子。成子曰：『康叔者，衛祖也。』及生子，男也。以告襄公，襄公曰：『天所置也。』名之曰元。襄公夫人無子，於是乃立元爲嗣，是爲靈公。」）此時佛教尚未入中國，而學説及事實之可證輪迴者如此，況又不僅此數者乎？則輪迴之説定可信也。

客又曰：輪迴之説既聞其詳矣。佛學未入吾國以前，經史中所言之鬼神，其理與釋氏之所言者，其説果相同否？答之曰：其理均與釋氏相同也。今略述數則以證之。

秦穆公趙簡子魂游天帝之所。（《史記·趙世家》：「趙簡子疾，五日不知人。扁鵲曰：『血脈治也，而何怪？在昔秦繆公嘗如此，七日而寤。寤之日，告公孫支與子輿曰：我之帝所，甚樂。吾所以久者，適有學也。今主君之疾，與之同，不出三日，疾必間，間必有言也。』居二日半，簡子寤，語大夫曰：『我之帝所，甚樂。與百神游於鈞天廣樂，九奏萬舞，不類三代之樂，其聲動人心。』」）太子申生現形而責弟夷吾。（《左傳》：「秋，狄突，適下國，遇太子，太子使登僕，而告之曰：『夷吾無禮，余得請於帝矣。將以晉畀秦，秦將祀余。』對曰：『臣聞之，神不歆非類，民不祀非族。君祀無乃殄乎？且民何罪，失刑乏祀？君其圖之。』君曰：『諾，吾將復請。七日，新城西偏，將有巫者而見我焉。』及期而往，告之曰：『帝許我罰有罪矣。』」）老人因魏顆嫁其女，故結草以報其恩。（《左傳》：「秦桓公伐晉，魏顆敗秦師於輔氏。獲杜回，秦之力人也。初，魏武子有嬖妾，無子。武子疾，命顆曰：『必嫁是。』疾病，則曰：『必以爲殉。』及卒，顆嫁之。曰：『疾病則亂，吾從其治也。』及輔氏之役，顆見老人結草以亢杜回。杜回躓而顛，故獲之。夜夢之，曰：『余而所嫁婦人之父也。爾用先人之治命，余是以報。』」）鄭人殺伯有，伯有索命於駟帶及公孫段。（《左傳》：「鄭人相驚以伯有，曰：『伯有至矣。』則皆走，不知所往。鑄刑書之歲二月，或夢伯有介而行曰：『壬子余將殺帶也。明年壬寅，余又將殺段也。』及壬子，駟帶卒，國人益懼。齊及燕平之月壬寅，公孫段卒，國人愈懼。其明月，子產立公孫泄及良止以撫之乃止。子太叔問其故，子產曰：『鬼有所歸，乃不爲厲，吾爲之歸也。』」）趙同、趙括，索命於晉侯。（《左傳》：「庚辰十年，晉侯夢大厲被髮及地，搏膺而踊曰：『殺余孫不義，余得請於帝矣。』壞大門及寢門而入。公懼，入於室。又壞户。公覺，召桑田巫，巫言如夢。公曰：『何如？』曰：『不食新矣。』」）晉厲公索命於中行獻子。（《左傳》：「丙午十八年秋，齊侯伐我北鄙。中行獻子將伐齊，夢與厲公訟，弗勝。公以戈擊之，首隊於前，跪而戴之，奉之以走，見梗陽之巫皐。他日，見諸道，與之言，同。巫曰：『今兹、主必死。若有事於東方，則可以逞。』獻子許諾。丁未十九年，荀偃癉疽，生瘍於頭。病，目出。二月，甲寅，卒。」）杜伯索命於周宣王。（《史記正義》引《周春秋》云：「宣王殺杜伯而無辜。後三年，宣王會諸侯田於圃。日中，杜伯起於道左，衣朱衣冠，操朱弓矢，射宣王，中心折脊而死。」《國語》云：「杜伯射王於鄗。」）竇嬰灌夫，索命於田蚡。（《史記》：「漢武帝時，武安侯田蚡，乃有蜚語爲惡言聞上。故以十二月晦，論灌夫竇嬰，棄市渭城。其春武安侯病，專呼服謝罪。使巫視鬼者視之，見竇嬰灌夫共守，欲殺之，竟死。」《漢書》曰：「田蚡疾，一身盡痛，若有擊者，呼服謝罪。上使視鬼者瞻之，曰：『魏其侯與灌夫共守笞，欲殺之，竟死。』」）趙王如意，索命於高后。（《漢書》：「高后八年三月，祓霸上，還過軹道，見物如蒼狗，撠高后掖忽而不見。卜之，趙王如意爲祟，遂病，掖傷而崩。先是，高后鴆殺如意，支斷其母戚夫人手足，摧其眼，以爲人彘。」）涪令妻索命於游徼。（《後漢書》：「王忳舉茂才，除郿令，到官，至斄亭。亭長曰：『亭有鬼，數殺過客，不可宿也。』忳曰：『仁勝凶邪，德除不祥，何鬼之避？』即入亭止宿。夜中聞有女子稱冤之聲，忳咒曰：『有何枉狀，可前求理乎？』女子曰：『無衣不敢進。』忳便投衣與之，女子乃前訴曰：『妾夫爲涪令之官，過宿此亭，亭長無狀，殺妾家十餘口，埋在樓下，悉盜取財貨。』忳問亭長姓名。女子曰：『即今門下游徼者也。』忳曰：『汝何故數殺過客？』對曰：『妾不得白日自訴，每夜陳冤，客輒眠不見應，不勝感恚，故殺之。』忳曰：『當爲汝理此冤，勿復殺良善也。』因解衣於地，忽然不見。明旦召游徼詰問，具服罪，即收繫。及同謀十餘人，悉伏辜。遣吏送其喪歸鄉里，於是亭遂清安。」）凡此種種，皆在佛法未入中國之前。證以佛經，無不相合。余今再證以近數十年中之聞見，可知一切佛經中所言者，皆確有其事，非謡言也。

唐白居易《長慶集・重玄寺石壁經碑文》曰：「應念順願，願生極樂土，莫疾於《阿彌陀經》，凡一千八百言。」又《畫西方幀記》曰：「我本師釋迦如來説言：從是西方過十萬億佛土，有世界，號極樂，以無八苦四惡道故也。其國號淨土，以無三毒五濁業故也。其佛號阿彌陀，以壽無量，願無量，功德相好光明無量故也。諦觀此娑婆世界微塵衆生，無賢愚，無貴賤，無幼艾，有起心歸佛者，舉手合掌必先嚮西方。怖厄苦惱者，開口發聲，先念阿彌陀佛。又範金、合土、刻石、織文，乃至印水聚沙童子戲者，莫不率以阿彌陀佛爲上首，不知其然而然。由是而觀，是彼如來有大誓願於此衆生，此衆生有大因緣於彼國土明矣。不然者，東南北方過去見在未來佛多矣，何獨如是哉？唐中大夫太子少傅上柱國馮翊縣開國侯賜紫金魚袋白居易，當衰暮之歲，中風痺之疾。乃捨俸錢三萬，命工人杜宗敬按《阿彌陀》、《無量壽》二經畫西方世界一部，高九尺，廣丈有三尺。阿彌陀佛坐中央，觀音、勢至二大士侍左右。天人瞻仰，眷屬圍繞；樓臺伎樂，水樹花鳥；七寶嚴飾，五彩彰施。爛爛煌煌，功德成就。弟子居易，焚香稽首，跪於佛前。起慈悲心，發弘誓願，願此功德迴施一切衆生。一切衆生有如我老者，如我病者，願皆離苦得樂，斷惡修善。不越南部，便覩西方。白毫大光，應念來感。青蓮上品，隨願往生。從見在身，盡未來際，常得親近而供養也。欲重宣此願，而偈讚云：『極樂世界清淨土，無諸惡道及諸苦。願如老身病苦者，同生無量壽佛所。』」福保之註《彌陀經》，一種因於讀《白氏長慶集》。

唐《李太白集·金銀泥畫淨土變相讚》曰：「我聞金方之西，日没之所，去中華十萬億刹，有極樂世界焉。彼國之佛，身長六十萬億恒沙由旬，眉間白毫，向右宛轉，如五須彌山。目光青白，若四大海水。端坐説法，湛然常存。沼明金沙，岸列珍樹；欄楯彌覆，羅網周張。硨磲瑠璃爲樓殿之飾，玻璃瑪瑙耀階砌之榮。皆諸佛所證，無虚言者。金銀泥畫西方淨土變相，蓋馮翊郡秦夫人，奉爲亡夫湖州刺史韋公之所建也。夫人藴冰玉之清，敷聖善之訓，以伉儷義大，希拯拔於幽途；父子恩深，用熏修於景福。誓捨珍物，精求名工。圖金創端，繪銀設像。八法功德，波動青蓮之池；七寶香花，光映黄金之地。清風所拂，如生五音。百千妙樂，咸疑動作。若已發願，及未發願，若已當生，及未當生，精念七日，必生其國。功德罔極，酌而難名。讚曰：『向西没日處，遥瞻大悲顔。目淨碧海水，身光紫金山。勤念必往生，是故稱極樂。珠網珍寶樹，天華散香閣。圖畫了在眼，願托彼道場。以此功德海，冥祐爲舟梁。八十億劫罪，如風掃輕霜。誰觀無量壽，常放玉毫光。』」福保之註《彌陀經》，一種因於讀《李太白集》。

余舊藏印宋本《東坡七集》，内有《畫阿彌陀佛像偈》曰：「錢塘元照律師，普勸道俗，歸誠西方極樂世界。眉山蘇軾，敬捨亡母蜀郡太君程氏簪珥遺物，命匠胡錫畫阿彌陀佛像，追薦冥福。以偈頌曰：『佛以大圓覺，充滿十方界。我以顛倒想，出没生死中。云何以一念，得往生淨土。我造無始業，一念便有餘。既從一念生，還從一念滅。生滅滅盡處，則我與佛同。如投水海中，如風中鼓槖。雖有大聖智，亦不能分别。願我先父母，及一切衆生。在處爲西方，所遇皆極樂。人人無量壽，無去亦無來。』」又有《畫阿彌陀像讚》曰：「蘇軾之妻王氏，名潤之，字季章，年四十六。元祐八年，八月一日，卒於京師。臨終之夕，遺言捨所受用，使其子邁、迨、過，爲畫阿彌陀像。紹聖元年，六月九日像成，奉安於金陵清涼寺。讚曰：『佛子在時百憂繞，臨行一念何由了。口誦南無阿彌陀，如日出地萬國曉。何況自捨所受用，畫此圓滿天日表。見聞隨喜悉成佛，不擇人天與蟲鳥。但當常作平等觀，本無憂樂與壽夭。丈六金身不爲大，方寸千佛夫豈小。此心平處是西方，閉眼便到無魔嬈。』」福保之註《彌陀經》，一種因於讀《東坡集》。

宋釋惠洪《冷齋夜話》曰：「余問山谷：『今之詩人誰爲冠？』曰：『無出陳無己。』」福保舊藏影宋本《陳后山詩註》，亟取讀之，見其五古出入郊島，七古學韓愈，頗似山谷，五律直逼老杜。后山亦頗有志於淨土，其《寄参寥詩》曰：「平生西方願，擺落區中緣。唯於世外人，相從可忘年。」

《寄李學士詩》曰：「稍尋東刹論茲事，賴有西方託後車。」《別圓澄禪師詩》曰：「平生準擬西行計，老著人間此何意。他年佛會見頭陀，知是當年老居士。」其《除夜詩》曰：「七十已强半，所餘能幾何？懸知暮景促，更覺後生多。遁世名爲累，留年睡作魔。西歸端著便，老子不婆娑。」福保之註《彌陀經》，一種因於讀《后山詩集》。

宋釋惠洪，著《石門文字禪》三十卷，內有《李伯時畫彌陀讚》曰：「政和八年，五月十五日，宜春黃先之，攜李伯時所畫阿彌陀像來東山，爲示。余觀伯時畫多矣，大率顧陸之意，意不盡態，故不施五色，而伯時知之耳。問其所得，曰：『李仲元。』仲元中表爲法官，以遺所厚善者，先之苦求得之。余諦視其筆跡，非今輩所能爲，其爲伯時之筆審矣。稽首爲之讚曰：『以慈爲室，以忍爲衣。法空爲座，示同體悲。四十八願，爲世所歸。如日没時，鳥接翅飛。大哉甘露，妙法總持。令我觀門，洞開坦夷。諦觀自心，妙絶知思。是歸依處，真不思議。律我意馬，使不妄馳。光明現前，見白蓮池。不假中陰，屈伸頃時。欣然化生，如八歲兒。何以至此，請審思之。皆我精進，想力所持。稽首妙湛，不動巍巍。令一切衆，絶癡暗疑。有同願者，但瞻導師。脱然蟬蛻，出五濁泥。』」福保之註《彌陀經》，一種因於讀《石門文字禪》。

余早歲涉獵唐宋各家詩文集，已知有西方極樂世界，已與阿彌陀佛有絶大因緣。後閱一切大乘經典，皆讚西方莊嚴淨土，勸淨往生。若華嚴、方等、般若、法華、涅槃諸部，諸經皆示行相及讚功德。又如天親、龍樹、馬鳴諸菩薩，皆各造論，稱讚淨土。余之信心，由此益堅。今箋註《彌陀經》已畢，當以此經爲法船，以阿彌陀佛爲大船師，一心誦經持名，令趨彼岸。晝夜度生，無有休息。爰書於此，以當息壤。

魏承貫曰：「有但念『阿彌陀佛』四字者，有念『南無阿彌陀佛』六字者。然當閉關觀佛之時，若念『南無西方極樂世界阿彌陀佛』十二字，尤尊重而心易專。蓋世人不解『阿彌陀』三字何義，念之易生玩，故須念十二字提醒之。苦樂明則欣厭易生也。」

王日休曰：「釋迦佛在世時，有翁婆二人，用穀一斗記數，念阿彌陀佛，願生西方。佛云：『我別有方法，令汝念佛一聲，得多穀之數。』乃教以念南謨西方極樂世界，三十六萬億一十一萬九千五百同名同號阿彌陀佛。出《寶王論》。嘗以秈穀校之，一合千八百粒，此數乃二千石之數。佛自以此教二老人，則其功德甚大可知矣。若愚人不能念者，且單念亦可。教人全念，得大福報。或兼持誦《小阿彌陀經》或《大阿彌陀經》，或其他佛經，隨數多少，迴向願生西方，皆可。」（見《龍舒淨土文》卷四）

據王氏所引之《寶王論》，知西方同名同號之阿彌陀佛多至三十六萬億一十一萬九千五百。故

《鼓音王大阿彌陀大本諸經》云：「定光佛前五十三佛，有國名妙喜，王名憍尸迦。時有佛出世，名世自在王。憍尸迦捨位出家，號曰法藏比丘。發無上意，稽首禮佛，廣説四十八願。厥後遂成阿彌陀佛。」如《法華經》記十六王子成佛，第九王子是阿彌陀佛。又《悲華經》云：「轉輪王名無諍念者，成佛於西方安樂國，是爲阿彌陀佛。」《總持經》有淨命比丘，隨衆生願樂，廣爲説法，得成阿彌陀佛。《賢劫經》亦稱王子名淨福報衆音，爲阿彌陀佛。又云：「有法師名無限量寶音行，亦爲阿彌陀佛。」而《觀佛三昧第九經》云：「空王佛時有四比丘，得念佛三昧。彼第三比丘，是阿彌陀佛。」又有國王名勝威者，又有太子，聞微妙法門，奉持精進，其後皆成阿彌陀佛。因此知各經所云之阿彌陀佛，或指同名同號者而言，不必指定一佛而言也。

客謂經言天雨曼陀羅華，《妙法蓮華經》言之最多，各經亦言及之。問：天雨華之現象若何？古人有親見者否？答之曰：宋劉壎所著之《隱居通議》卷三十，言邵武因比歲不靜，邀張天師主醮事，命道士林逍遥拜章，初拜未得達，逍遥行持再往，遂伏地不起。自巳至申，州前忽雨天花，一城競觀。空中繽紛，墜地即不見。盛以衣裾，亦無有。踰時乃止。久之林方起，喜色滿面，謂衆人曰：「適到天門，遇福善王云：『已得請於帝，子可回矣。』」此雖非佛教，而言天雨華之現象則頗詳。

唐白居易《念佛偈》云：「余年七十二，不復事吟哦。看經費眼力，作福畏奔波。何以度心眼，一聲阿彌陀。行也阿彌陀，坐也阿彌陀。縱饒忙似箭，不廢阿彌陀。日暮而途遠，吾生已蹉跎。旦夕清淨心，但念阿彌陀。達人應笑我，多卻阿彌陀。達又作麼生，（作麼生，禪録之語，猶言如何也。）不達又如何？普勸法界衆，同念阿彌陀。」

桐江法師云：「成佛有横竪二出：竪出者，聲聞修四諦，緣覺修十二因緣，菩薩修六度萬行。此涉境位，譬如及第，須有才學；又如歷任轉官，須有功效。横出者，念佛求生西土。譬如蔭叙，功由祖父他力，不問學業有無；又如覃恩普轉，功繇國王，不論歷任淺深，其難易有迥殊矣。」

張光緯《念佛説》曰：「石南和尚偈云：『念佛切莫貪多念，且念一百心不亂。九十九聲心念差，捋轉念珠多不算。如是一百百至千，從千至萬如珠貫。箭射不入刀不侵，百萬魔軍皆退竄。』吾向來念佛，亦只囫圇念過，今始知須字字從心裏出，還字字入心裏去。當念佛時，先要閉目端坐，凝神定慮，不可有雜亂心、躁競心、昏惰心。開口出聲，務令聲從心發，心藉口傳，息調聲和，不徐不疾，字字分明，句句相續。分之則一字可作一句讀，貫之則百千句直如一句。緜緜密密，自一聲至千萬聲，自一刻至十二時，無斷無續，不缺不漏。久之純熟，花開見佛。」

吾友歐陽石芝先生，道行高潔，修淨土有年矣。兹將其實地修行法略述如左。入道場時，放下一切，閉目凝神，正立。金剛念閉口動舌而默誦「唵㘕」二字二十一遍，金剛念「唵齒𪘨」二字二十一遍。齒字旁或有加口字者默念凝想：「阿彌陀佛身金色，一拜相色光明無等倫。一拜白毫宛轉五須彌，一拜紺目澄清四大海。一拜光中化佛無數億，一拜化菩薩衆亦無邊。一拜四十八願度衆生，一拜九品咸令登彼岸。一拜南無西方極樂世界大慈大悲接引大導師阿彌陀佛。」一拜念「南無阿彌陀佛」。念無定數，拜亦無定數口念凝想與拜完時，再念「南無西方接引大慈大悲觀世音菩薩」。三稱三拜「南無西方接引大慈大悲大勢至菩薩」，三稱三拜「南無清淨大海衆菩薩摩訶薩」。三稱三拜再念「阿彌陀佛」若干遍，再念《阿彌陀經》若干卷，再念《往生神咒》七遍，或十四遍或二十一遍。再念《發願回向文》一遍。福保案：金剛界之陀羅尼，皆以唵字冠之。考《秘藏記》，唵字有五種義：一歸命，二供養，三驚覺，四攝伏，五三身。㘕一作覽，考《大日經疏》，此字四邊，遍有光焰，猶如花鬘，連環不斷。字中又遍流出白光，如淨滿月之暉。齒𪘨二字，須讀成一音。此爲文殊菩薩護身咒，又名一字文殊法之真言。考《曼殊室利菩薩咒藏》中《一字咒王經》，此之一字，悉能成就一切事業，悉能圓滿所有善法。此咒能滅五逆十惡一切罪業，能除病苦、災障、惡夢、邪魅、鬼神諸不祥事，能成辦勝事，所願圓滿。

阿彌陀經靈異記

無錫丁福保仲祜編纂

《智度論》九：「復有一國，有一比丘，誦《阿彌陀佛經》及《摩訶般若波羅蜜》。是人欲死時，語弟子言：『阿彌陀佛與彼大衆俱來。』即時動身自歸，須臾命終。命終之後，弟子積薪燒之。明日，灰中見舌不燒。誦《阿彌陀佛經》故，見佛自來。誦《般若波羅蜜》故，舌不可燒。此皆今世現事，如經中說。諸佛菩薩來者甚多，如是處處。有人罪垢結縛，一心念佛，信淨不疑，必得見佛，終不虛也。以是諸因緣故，知實有十方佛。」

《荊王越國夫人往生記》曰：「夫人荊王（荊王宋哲宗皇帝叔）之妻，歸依無量壽佛，願生西方，精恪端潔，不捨晝夜。給侍奔走之人，無有異念，惟一庶媵，懈慢不勤。夫人訓告之曰：『我盡室皆勤，惟爾怠墮，不從人告，幻惑在會，恐失道心。不可居吾左右也。』其妾悚悟，悲悔精進，思惟淨念。相繼久之，謂同事曰：『吾其行矣。』一夕，異香徧室，無疾而終。明日同事之妾告夫人，言昨夜化去之妾，託致起居：『感夫人訓責我，勤修西方。今獲往生，感德無量。』夫人曰：『使我亦夢，乃可信爾。』是夜夫人夢遇亡妾，敍謝如前。夫人曰：『西方可至乎？』妾曰：『第從某行。』夫人隨之，見二池塘，白蓮華小大間錯，或榮或瘁，種種不同。夫人問曰：『何以如此？』妾曰：『此皆世間發念修西方境人也。纔發一念，善根已萌，遂成一華。唯其勤墮不同，是以榮瘁各異。蓋精進者鮮榮，間斷者枯悴。若悠久不息，念定觀成，形消命盡，化生其中矣。』中有一蓮華，華葉忽落。復有人朝服而坐，其衣飄揚，隨風散滅，寶冠瓔珞，莊嚴其身。夫人問曰：『何人也？』妾曰：『楊傑也。』又一華開，衣朝服而坐者，然其華瘁而葉存。夫人復問之，妾曰：『馬玗也。』夫人曰：『我當生何許？』妾導夫人前邁，約數里許，妾請夫人延望。唯見一壇，金碧照耀，光明交徹。妾曰：『夫人化生之地，乃金壇上品上生也。』既覺，悲喜兼集。徐訪楊傑、馬玗所在，則傑已死，而玗無恙。夫人始生之日，秉爐爇香，望觀音閣而立。頃時子孫左右趣夫人受獻壽之儀，則已立化矣。嗚呼異哉！余聞夫人軼事，乃銓次之，以助發信受往生者。而未信之士，必將感發於斯文而歸向於淨觀佛國也。宣和五年季冬，隨緣居士黄策子虚記。」

《馬侍郎往生記》曰：「宣和五年冬，予得越國夫人往生淨土事，迺爲之記。六年，吴思道訪馬玗於淮之南，加考實焉，盡如前記。蓋馬氏自少師忠肅公守杭州日，慈雲式懺主，以安養佛事授之。自是舉族遵奉，相繼不違。大夫公諱玗字東玉者，乃其孫也。公自幼篤志佛教。元豐中，有僧廣初者，以天台智者《十疑論》授之。公大喜曰：『吾得所依矣。』復得慈雲十念迴向法，行之二十五年，不少懈。尚書公王古示以《蓮社圖》《決疑集》《往生傳》，於是誦佛益精進。尤以放生爲佛事，勸導信入者，不可勝計。倅當塗守淄川新定，民皆化之，平日未嘗以私怒笞責一人。錢唐照律師勉以繫念法。其在官，閱教藏，誦經咒，皆有常規。崇寧元年感疾，經夏，盥櫛念佛，易衣幘，端坐而終。有氣如青蓋，出户騰空而上。家人長幼貴賤夢公往生上品者，後以十數日，皆如合契。時現光相於几筵。八月中，有婢臥疾，亦念佛而逝。教授公諱永逸字强叟者，公之子也。行天竺十念，習十六觀，三十餘年矣。誦觀音常覩其相。今年四月感疾，即命治後事。見彌陀、觀音、勢至俱來接引，結印示滅。頂熱，有異香舍利珠璣。其弟夢乃祖曰：『某已生淨土，十日華開矣。』柩上有五色金光華者以數四，自後瑞應，種種非一。夫人姓王氏，亦行十念法，及誦破地獄偈、彌陀佛號。嘗夢地獄主者謝爲地獄衆持偈之賜。其後寢疾，修持不息，念佛而絶。親戚侍妾，亦夢王氏生極樂國。夫人與娣姒方氏，有《報應往生傳》。余因越國夫人之事，知馬公之生淨土，由馬公而知其子婦亦登樂國。故復敍其略，以示信士，亦結未來之因乎！　隨緣居士黄策子虚記。」

《廣平夫人往生記》曰：「夫人名法信，政和門司贈少師諱詢之女。生十六年，嫁爲鎮洮軍承宣使令妙明居士陳思恭之妻。夫人少多病，體力尫孱，若不勝衣。及歸陳氏，病日以劇。數呼醫謀藥，殆無生意。醫辭曰：『夫人病，非吾藥能力。』於時慈受深禪師爲王城法施主。夫人徑造其室，求己疾之方。慈受憐之，教以持齋誦佛，默求初心。夫人耳其語，諦信不疑。齋居未逾月，忽語所親曰：『晨素善矣，雜以晚葷，徒亂人意，盍盡徹之？』自此屏葷血，却鉛華膏沐之奉，衣掃塔服。專以西方淨觀爲佛事，行亦西方也，坐亦西方也，起居食息亦西方也，語默動靜亦西方也，酌水獻花亦西方也，翻經行道亦西方也。刹那之念，秋毫之善，一以爲西方之津梁。自壬寅迄壬子，十年之間，亡墮容，亡矜色，心安體胖，神氣昌旺，人皆尊高之。一日，忽提筆書數語，異甚，若厭世仙去者：『隨緣認業許多年，枉作老牛爲耕田。打疊身心早脱去，免將鼻孔被人牽。』族黨怪之，夫人曰：『清淨界中失念至此，支那緣盡，行即西歸。適我願兮，何怪之有？』壬子九月，示疾。久之，氣息纔屬。十二月壬寅夕，矍然而寤，語侍旁者曰：『吾已神遊淨土而禮慈尊。觀音左顧，勢至右盻。百千萬億清淨佛子，稽首慶我來生其國。若夫宮殿林沼，光明神麗，與《華嚴》佛化，及《十六觀經》中所説，無二無別。惟證方知，非所以語汝曹也。』侍疾者亟呼妙明語其故。乃相與合掌策勵，俾繫念勿忘。又明日甲辰，安臥右脇，吉祥而逝。三日而後歛。家人輩往往聞妙香芬馥，不類人間。及荼毘，舉尸如生，凝然不壞。夫人享年三十六。以妙明顯仕，恩封廣平郡夫人。妙明爲余言：思恭初未知道，夫人實勸發之。又懶不治生，夫人實經紀其有亡。平居接内外親姻，及撫馴其子姪僮媵，一一有恩意。死之日，哭者失聲，至於煉頂灼臂以薦冥福。非有以得其心，能若是乎？以思恭貧甚，又嘗筍輿獨走二千里，乞羅於其兄照君德裕。時閩偷縱横，使令者能道其往來應變方略，如世犍男子。蓋夫人志力剛果，不可摇奪，故其辦道勇決，所成就亦如是，是可嘉也已。以寧老且病，於無量壽國方且問途。聞夫人事，樂爲之記，非徒信覺了二禪師之語，亦以爲將來熏修者之勸云。紹興三年二月二十一日，阿彌陀佛弟子正信菴主以寧待制記。」

《河東鸜鵒舍利塔記》曰：「前歲有獻鸜鵒鳥者曰：此鳥聲容可觀，音中華夏。有河東裴氏者，志樂金仙之道。聞西方有珍禽，羣嬉和鳴，演暢法音。以此鳥名載梵經，智殊常類，意佛身所化，常狎而敬之。始告以六齋之禁。比及午後，非時之食，終夕不視。固可以矯激流俗，端嚴梵倫。或教以持佛名號者曰：『當由有念以至無念。』則仰首奮翼，若承善聽。其後或俾之念佛，則默然而不答。或謂之不念，即鳴言阿彌陀。歷試如一，曾無爽異。每虚室戒曙，發和雅音，穆如笙竽靜鼓，天風下上其音，念念相續。聞之者，莫不洗然而嘉善矣。以今年七月，悴爾不懌幾日。其馴養者，知將盡，乃鳴磬告曰：『將西歸乎？爲爾擊磬，爾其存念。』每一擊磬，一稱彌陀佛，洎十擊磬，而十念成。歛翼委足，不震不仆，撓然而絕。案釋典十念成，往生西方。又云：『得佛慧者，殁有舍利。』遂命火，以闍維之法焚之。餘燼之末，果有舍利十餘粒，炯爾耀目，瑩然在掌。識者驚視，聞者駭聽。時有高僧慧觀，嘗詣五臺山，巡禮聖跡。聞説此鳥，涕淚悲泣，請以舍利於靈山用陶甓建塔，旌異也。貞元十九年八月十四日韋臯記。」見《唐文粹》。

宋唐世良，誦《彌陀經》十萬遍。一日謂家人曰：「佛來迎我。」言已，作禮坐逝。其夜有人夢西方異光，旛華繽紛，音樂嘹亮。空中聲云：「唐世良已生淨土。」

宋上虞民王珉，少時遊獵，見巨蛇，推巖石斃之。蛇屢爲祟，珉修懺念佛經年，蛇不能害。一日誦《彌陀經》，合掌而化。

晉智仙法師，住白蓮寺十三年。西向十念，十二時不暫廢。一夕，微疾。命觀堂行人誦《彌陀經》未終卷，安然坐脱。

宋釋處謙，精修淨土。一夕，誦《彌陀經》畢，稱讚淨土，告衆曰：「吾以無生而生淨土。」如入禪定，奄然而化。懷玉禪師，台州人。常坐不臥，精進念佛，誦《彌陀經》三十萬遍。一日見西方聖衆，多若恒沙，一擎銀臺。玉曰：「吾一生精進，誓取金臺，何爲得此？」銀臺遂隱。玉感激，倍復精進。三七日後，見佛滿空中，乃謂弟子曰：「金臺來迎，吾生淨土矣。」含笑而逝。

元子華禪師，大歷九年，於潤州觀音寺誦《彌陀經》。六月，忽得疾。夜聞香氣樂音，空中告曰：「麁樂已過，細樂續來，君當往生。」良久，念佛而化，異香連日不散。

唐大行禪師，入大藏得《彌陀經》，日夜誦詠。至三七日，覩琉璃地上佛及二大士現前。信宗聞其事，詔入内庭，號「常精進菩薩」。後琉璃地復見，即日命終。異香經夕，肉身不壞。

梁道珍法師，講《涅槃經》。天監中，忽見海上數百人乘寳舫前邁，問之，云：「往極樂國。」因求附載，云：「師雖善講《涅槃》，然未誦《彌陀經》，豈得同往？」師遂誦《彌陀經》，及二萬徧。將終，見西方銀臺至，空中皎如白日，聲云：「法師當乘此臺往生。」時衆咸聞天樂異香，數日猶未散。

晉慧遠法師，居廬山。製蓮華漏，六時念佛，澄心繫念。後十九年，七月晦夕，於般若臺方從定起，見阿彌陀佛身徧虚空。圓光之中，無量化佛及菩薩衆水流光明，演説妙法。佛言：「我以本願力故，來安慰汝，七日後當生我國。」至期，端坐而逝。

少康法師，在烏龍山建淨土道塲，勸人念佛。衆見師念佛一聲，口出一佛。至於十念十佛，次出猶連珠。臨終之日，口旋異光數道，奄然而逝。

禮部楊傑，字次公，耽禪悦。晚年繪彌陀丈六尊像，隨行觀念。將終之日，感佛來迎，端坐而化。

侍郎王古，字敏仲，祖父七世戒殺放生。古纂集諸經論，備陳往生淨土要門。精勤念佛，數珠不去手。有僧神遊淨土，見侍郎與葛繁同在焉。

龍舒居士王日休，嘗修淨業，布衣茹素，持戒甚嚴，作《淨土文》勸世。將卒，如常禮念，忽厲聲稱阿彌陀佛，唱言「佛來迎我」，屹然立化。邦人有夢二青衣引公西行者，自是家家供事云。

唐邵彪，爲諸生時，夢至一公府。主者問：「汝知所以不第否？」彪對不知。因使人引至一處，見大鑊中有蛤蜊作人語呼彪名。彪怖，遂念阿彌陀佛，蛤蜊變黄雀飛去。彪後及第，官至安撫使。

元鄭氏女，錢唐人，念佛無虚日。得疾，聞空中曰：「汝往生期至，不可怠惰。」又見佛身金色，即奮起而西坐，請僧諷《阿彌陀經》，倏然而化。其女夢母報曰：「吾已得生淨土。」

元末，張士誠攻湖州。江浙承相與戰，擒四十人，囚檻送戮，夜宿西湖鳥窠寺。大猷謀禪師徐步廊下，見師神觀閑雅，持誦不輟，因求救拔。師教令至心念南無救苦救難阿彌陀佛。中有三人信受其語，念不絶口。天曉，發囚，易枷鎖，至三人，刑具不足，惟繫以繩。既而審鞫，知良民被虜者，遂得釋。

唐張善和，屠牛爲業。臨終，見羣牛索命，於是大怖，喚其妻云：「速延僧爲我念佛。」僧至，諭云：「臨終惡相現者，但至心念佛，即得往生。」和云：「地獄至，急取香爐來。」即以右手擎火，左手拈香，面西專切念佛。未滿十聲，自言「佛來迎我」，即化去。

宋黄巖正等寺觀公，畜鴝鵒，常念佛不絶。一日，立化籠上。觀公葬之，已而土出紫蓮華一朵，從舌端而發。靈芝照律師爲之讚，有「立亡籠閉渾閑事，化紫蓮華也太奇」句。

《淨土聖賢録》載楊嫗年五十餘，得風疾，偃臥呻吟。有旅亭師過其居，其子請入視其母。嫗顰蹙曰：「病甚，師有好方否？」師曰：「病從身起，身從假合。汝能捨身，病自去矣。」曰：「捨身奈何？」師曰：「汝但將身心放下，一心西向，繫念阿彌陀佛。阿彌陀佛，能除一切衆生之病。但能至誠念佛者，阿彌陀佛自來救汝。惟患汝念不切耳。」既别去，嫗遂持佛名，默觀西方，日益懇至。居五月，語其子曰：「佛至矣，吾當歸西。」其子請僧十八，共唱佛名。嫗起坐，西向而逝。

佛説阿彌陀經箋註

《佛説十號經》：「云何名佛？　智慧具足，三覺圓明，是故名佛。佛告阿難：『我昔經行之次，有婆羅門而來問我：何故汝之父母爲汝立名呼爲佛邪？　佛即答言：世所知者，我能了知。世所觀者，我亦能觀。所得滅者，我亦能滅。我具一切智，一切了知。我從無數劫種種修行，遠塵離垢，今得無上菩提，故立佛號。』」〇佛，釋迦牟尼佛也。佛説者，佛親口所説也。〇《隋書・經籍志》：「佛經者，西域天竺之迦維衛國淨飯王太子釋迦牟尼所説。釋迦當周莊王之九年四月八日，自母右脇而生。姿貌奇異，有三十二相，八十種好。捨太子位，出家學道，勤行精進，覺悟一切種智而謂之佛。亦曰浮屠，皆胡言也。華言譯之爲淨覺。」〇阿彌陀佛有十三號。《無量壽經》上：「是故無量壽佛，號無量光佛、無邊光佛、無礙光佛、無對光佛、燄王光佛、清淨光佛、歡喜光佛、智慧光佛、不斷光佛、難思光佛、無稱光佛、超日月光佛。」〇唐沙門慧海語録：「法明曰：『阿彌陀佛有父母及姓否？』師曰：『阿彌陀姓憍尸迦，父名月上，母名殊勝妙顔。』曰：『出何教文？』師曰：『出《陀羅尼集》。』」〇儒家者流，尊六藝而奉以爲經。《荀子》曰：「夫學始於誦經，終於習禮。」《莊子》曰：「孔子言治，《詩》《書》《禮》《樂》《易》《春秋》六經。」又曰：「繙十二經。」《文心雕龍》曰：「三極彝訓，其書曰經。經也者，恒久之至道，不刊之鴻教也。」墨翟之書，初不名經，而《莊子·天下篇》云：「苦獲鄧陵之屬，皆誦墨經。」則墨子之徒，自相崇奉，而《墨子》亦稱經矣。宗教家各自尊其教，無不名其所崇奉者曰經。如《老子》《莊子》《列子》，而道家稱之曰《道德真經》、《南華經》、《冲虛真經》，以及耶教之《聖經》、回教之《可蘭經》是也。而内典之稱經，其説尤古。考漢明帝時，佛法入中國，譯佛經《四十二章》，此爲内典稱經之始。《法華玄義》：「從古及今，譯胡爲漢，皆題爲經。」《維摩經》肇注：「經者，常也。古今雖殊，覺道不改，羣邪不能阻，衆聖不能異，故曰常也。」天台宗之《觀經疏》曰：「經者，訓法訓常。由聖人金口，故言經也。」〇此經爲此土（穢土，娑婆世界。）之釋迦牟尼佛説彼土（淨土，極樂世界。）之阿彌陀佛依正莊嚴信願往生之經，本名《稱讚不可思議功德一切諸佛所護念經》，什法師改名《佛説阿彌陀經》。共有二譯本，唐玄奘譯本，名《稱讚淨土佛攝受經》，不如此譯名《阿彌陀經》者之通行。

姚秦三藏法師鳩摩羅什譯

無錫丁福保仲祜箋註

姚萇，晉時五胡後秦之主，羌種，赤亭人。其兄姚襄據襄陵，苻堅攻殺之。姚萇以衆降，堅待之甚厚。及堅寇晉，大敗於淝水而還，萇因圍而弑之，自立。故曰姚秦。○據《智度論》，以《華嚴經》等爲經藏，以《梵網經》等爲律藏，以《阿毘達磨經》爲論藏，（《阿毘達磨經》，此土未有譯本，《唯識論》中往往引及之。）此爲大乘三藏。○《法華經・序品》：「常修梵行，皆爲法師。」○《三德指歸》一：「精通經論曰法師。」○三藏法師者，精通經律論三藏之比丘也。又爲法師之美稱。○《高僧傳》：「鳩摩羅什，此云童壽，天竺人也。善經律論，化行於西域。及東遊龜茲（音丘慈），龜茲王爲造金獅子座一處之。及萇卒，子興襲位，迎什入關，以其年十二月二十日至於長安。興待以國師之禮，甚見優寵。自大法東被，始於漢明，涉歷魏晉，經論漸多。而支竺所出，多滯文格義。興少崇三寶，鋭志講集。什既至止，仍請入西明閣，及逍遥園，譯出衆經。什既率多諳誦，無不究盡。轉能漢言，音譯流便。既覽舊經，義多紕繆，皆由先譯失旨，不與梵本相應。於是興使沙門僧䂮、僧遷、法欽、道流、道恒、道標、僧叡、僧肇等八百餘人諮受什旨，更令出《大品》。什持梵本，興執舊經，以相讎校。其新文異舊者，義皆圓通。衆心愜伏，莫不欣贊。什爲人神情鑒徹，傲岸出羣，應機領會，鮮有其匹。且篤性仁厚，汎愛爲心，虚己善誘，終日無倦。以僞秦弘治十一年八月二十日卒於長安，是歲晉義熙五年也。」○譯者，翻梵語爲華言也。

法會衆證分第一

此屬序分。法會者，説法之會也。衆證者，衆所共證也。○淨業居士徐槐廷，仿梁昭明《金剛經》之例，將此經分爲十二分，每分標立名目，將各分要義，註明於下，條分縷析，開卷了然。兹仍其舊，以便讀者。

且與前註之《金剛經》歸爲一律。案：宋釋元照亦以此分爲序分。明釋智旭以此分爲通序。以第二分之「佛告」至「現在説法」爲別序。○此分内分三節：一聲聞衆，二菩薩衆，三天人衆。

如是我聞，

如是，指經中所説之佛語。我聞，阿難自謂也。佛經者，佛入滅之後，爲多聞第一之阿難所編集。故諸經開卷，阿難遵佛遺囑，例皆置此四字。○《大涅槃經後分·佛遺教品》曰：「阿難，如汝所聞，如來滅後，結集法藏，一切經初，安何等語者？阿難，如來滅後，結集法藏，一切經初當安『如是我聞，一時佛住某方某處，與諸四衆而説是經。』」○《大智度論》二：「我三阿僧祇劫，所集法寶藏。是藏初應作是説：『如是我聞，一時佛在某方某國土某處林中。』何以故？過去諸佛，經初皆稱是語。未來諸佛，經初亦稱是語。現在諸佛，末後般涅槃時，亦教稱是語。今我般涅槃後，經初亦應稱『如是我聞，一時。』」

一時，

《註維摩經》：「什曰：『一時，佛説經時也。』」

佛

此佛指釋迦牟尼佛而言。○《魏書·釋老志》：「所謂佛者，本號釋迦文者（文即牟尼之訛略），譯言能仁，謂德充道備，堪濟萬物也。釋迦前有六佛，釋迦繼六佛而成道，處今賢劫。文言將來有彌勒佛，方繼釋迦而降世。釋迦即天竺迦維衛國王之子。天竺其總稱，迦維別名也。初釋迦於四月八日夜，從母右脅而生。既生，姿相超異者三十二種。天降嘉瑞以應之，亦三十二。其《本起經》説之備矣。釋迦生時，當周莊王九年，《春秋》『魯莊公七年夏四月，恒星不見夜明』是也。至魏武定八年，凡一千二百三十七年云。釋迦年三十成佛，導化羣生四十九載，乃於拘尸那城娑羅雙樹間，以二月十五日而入般涅槃。」

在舍衛國

舍衛，城名。以城名爲國名，故曰舍衛國。○《彌勒上生經疏》上：「梵言室羅伐悉底，言舍衛者，訛略也。此中印度境憍薩羅國之都城名，爲別南憍薩羅國，故以都城爲國之稱。」

祇音奇樹給孤獨園，

祇樹給孤獨園者，精舍名。祇樹者，祇陀樹林之略，亦譯曰祇陀林，曰祇洹林。祇陀，亦作誓多，憍薩羅國波斯匿王之太子名也。初，舍衛城有長者名須達，華言曰善施，最憐恤孤獨，世人因呼曰給孤獨。佛在摩揭陀國時，須達來聞法，爲優婆塞，乞佛至舍衛城度國人，佛許之。須達歸國，購可供佛之精舍，以太子祇陀之園林爲第一。太子戲許須金磚側布其地，金錢掛滿其林方可。須達喜，載金布地將滿，祇陀見其誠，便云：『地屬卿，林屬我，共施供佛。』故美二人之德，並稱之。」○《彌勒上生經疏》：「佛後遊此，告阿難曰：『園地，善施所買。樹林，誓多所施。二人同心，共崇功德。今後應謂此地爲誓多林給孤獨園。』」

與大比音皮**丘僧**

大比丘，比丘之德高年長者。比丘者，凡出家爲佛弟子受具足戒者之總名。舊譯曰乞士，曰熏士。○《維摩經註》曰：「比丘，秦言或名淨乞食，或名破煩惱，或名淨持戒，或名能怖魔。天竺一名，該此四義，秦言無一名以譯之，故存本名焉。」○僧，僧伽之略。華言曰衆和合，或本經文，有竟作衆者。凡比丘三人以上，皆得稱僧。此千二百五十人，皆大比丘也。

千二百五十人俱，

俱音拘。○隋嘉祥大師《金剛經疏》：「佛初成道，前度五人，次度優樓頻螺迦葉、摩訶迦葉，得五百人。次度那提迦葉、迦耶迦葉兄弟二人，各有二百五十弟子。合成千人。次度舍利弗、目連，復得二百五十人。合有一千二百五十五人。今但舉其大數，取有名聞者，正云千二百五十也。」○《阿彌陀經心得》：「佛出世間，所度羅漢比丘甚多。以此千二百五十人最先歸佛，又常不離佛，故獨舉也。」

皆是大阿羅漢。

玄奘譯本，作「一切皆是尊宿聲聞」。○大比丘衆千二百五十人，皆是大阿羅漢，以大比丘因證大阿羅漢果故。○《善見律》：「僧中功德極大者，爲大阿羅漢。」○阿羅漢有三義：一殺賊，殺煩惱賊之義。二應供，受人天供養之義。三不生，永入涅槃，不再受生死惡果之義。○《智度論》：「阿羅名賊，漢名破，一切煩惱破，是名阿羅漢。復次，阿羅漢一切漏盡，故應得一切世間諸天人供養。復次，阿名不，羅漢名生，後世中更不生，是名阿羅漢。」○《隋書・經籍志》：「由其道者有四等之果：一曰須陀洹，二曰斯陀含，三曰阿那含，四曰阿羅漢。至羅漢者，則出入生死，去來隱顯而不爲累。」

衆所知識，

聞名皆知，見面皆識，指下文之舍利弗及阿㝹樓馱等諸大弟子而言。千二百五十人之大羅漢，非衆所盡知，故舉舍利弗至阿㝹樓馱爲衆所知者而言也。○《法華經》曰：「如是衆所知識，大阿羅漢等。」

長音掌老舍利弗、

玄奘譯本，作「衆望所識，大阿羅漢，其名曰尊者舍利子」。案：據此則知「衆所知識」四字，不屬於上句，當屬於下句。○長老，比丘中年德俱尊者之通稱。舍利弗至阿㝹樓馱，皆是也。○舍利弗，華言鶖子，稱曰舍利尊者，佛弟子智慧第一。○舍利弗者，舍利弗怛羅之略，亦曰舍利子。舍利，華言曰鶖鷺，即百舌鳥。弗，華言曰子。其母聰明，眼似鶖鳥，故名舍利。子以母顯，故名舍利子。或譯舍利曰珠，謂其母聰明在眼珠也。

摩訶音呵目犍音堅連、

華言大採菽氏，稱曰目連尊者，佛弟子神通第一。○摩訶，華言大也。下仿此。○目犍連亦略曰目連。正言没特伽羅子，此乃從母爲名。没特伽，此云緑豆。○案：目犍，菽之義。連，有採取之義。

摩訶迦音茄**葉、**

葉音攝。○華言大飲光氏，稱曰飲光尊者，佛弟子頭陀第一。○迦葉，華言曰龜，亦曰飲光。其先代有靈龜之感，故龜姓。身有靈光，同於古仙，故曰飲光。○世尊在靈山會上，拈花示衆，唯迦葉破顏微笑。世尊曰：「吾有正法眼藏，密付與汝。」遂傳爲第一祖。

摩訶迦旃音氈**延、**

華言大文飾氏，稱曰文飾尊者，佛弟子議論第一。○迦旃延，華言曰文飾，曰剪剃。婆羅門貴族種女所生之子也。

摩訶俱俱，一作拘**絺**音恥**羅、**

華言大膝氏，稱曰大膝尊者，佛弟子問答第一。○俱絺羅，華言曰膝，以狀得名。○《玄應音義》：「此即舍利弗舅，長爪梵志也。」

離婆多、

華言星宿，稱曰星宿尊者，佛弟子坐禪第一。○離婆多，頡隸伐多之略，二十八宿中之室宿也。其父母祈星所生，故名。

周利槃音盤**陀伽、**

伽音茄。○華言繼道，又言小路，稱曰繼道尊者，佛弟子義持第一。○周利，華言曰小。槃特伽，華言曰路。其父母旅行，路中生長子曰槃特伽，性聰明。後又生一子，曰周利槃陀伽，性愚，惟誦半偈。

難陀、

華言善歡喜，稱曰喜尊者，佛之親弟，儀容第一。〇難陀，孫陀羅難陀之略，與牧牛難陀爲別。孫陀羅，華言曰艷，因有艷妻而得名。溺於艷妻，不樂出家，後卒受佛化。

阿音遏**難陀、**

華言慶喜，稱曰慶喜尊者，佛之從弟，多聞第一。〇阿難陀亦省曰阿難，斛飯王之子，提婆達多之弟，佛之從弟，生於佛成道日。時佛父淨飯王，既聞佛成道，又聞尊者生，舉國慶喜，故以名焉。後隨侍佛二十五年，受持一切佛法。佛滅後，摩訶迦葉在摩揭陀國之大石窟結集三藏時，使阿難集經藏，故諸經多阿難所述也。〇阿難有三，此係阿難陀。別有阿難跋陀及阿難娑伽，未可混爲一也。

羅睺音侯**羅、**

華言覆障，稱曰覆障尊者，佛之嫡子，密行第一。〇羅睺羅，佛妃瞿夷所生。在母胎六年，生於佛成道之夜。取阿修羅王障月之義，故名羅睺羅。或云取在母胎六年，爲胎障覆之義。

憍音驕**梵波提、**

華言牛呞，又言牛相，稱曰牛呞尊者，佛弟子受天供養第一。〇《法華文句》：「憍梵波提，昔五百世曾爲牛王，牛若食後，恒事虛哨，餘報未夷，咬咬常嚼，時人稱爲牛呞。」

賓頭盧頗羅墮、

華言不動利根，稱曰不動尊者，佛弟子福田第一。〇賓頭盧，華言不動。頗羅墮，華言利根，又言重瞳。婆羅門十八姓中之一，十六羅漢中之第一，賓頭盧尊者也。

迦留陀夷、

華言黑光，稱曰黑光尊者，佛弟子教化第一。〇迦留，華言黑。陀夷，華言上。其身極黑，夜行乞時，於電光中，人見之，疑爲黑鬼云。

摩訶劫賓那、

華言大房星，稱曰房宿尊者，佛弟子知星宿第一。〇劫賓那，華言房宿。其父母禱於房宿而生，故名。

薄拘音駒羅、

華言善容，又言偉形，稱曰善容尊者，佛弟子壽命第一。〇《薄拘羅經云》：「我於此正法律中，學道以來八十年，未曾有病，乃至彈指頃頭痛者。未曾憶服藥，乃至一片訶梨勒。」

阿㝹奴侯樓馱，

馱音駝，華言無貧，亦言無滅，稱曰無貧尊者，甘露飯王之子，佛之堂弟，天眼第一。

如是等諸大弟子。 如是，承上文，指舍利弗至阿㝹樓馱而言。等者，承前，包略千二百五十人皆大弟子，特中多有未爲衆所知識者耳。〇學從師後，故稱弟。法從師生，故稱子。〇以上聲聞衆。

並諸菩薩摩訶薩，

摩訶，大也。摩訶薩，謂菩薩中之大者。〇功德施菩薩曰：「菩薩摩訶薩，其義云何？於菩提處有決心，菩薩也。於一切衆生誓與利益，摩訶薩也。」〇《大般若經》曰：「勤求無上正等菩提，利樂有情（衆生），故名菩薩。具如實覺（真如平等，體離虚妄，故曰如實），能遍了知一切法相而無所執，故復名摩訶薩。」〇菩提薩埵，舊譯曰道衆生，新譯曰覺有情。菩提爲道爲覺，薩埵爲衆生爲有情。摩訶薩埵，舊譯曰大衆生，新譯曰大有情。摩訶爲大，薩埵爲衆生爲有情也。求道果之衆生，曰道衆生。求道果者，通於聲聞、緣覺，以願行皆大，故更須稱曰大衆生。此舊譯菩薩摩訶薩之義也。菩薩所證之覺，同佛所證之覺，因無明未盡，雖覺而尚有情，不能無異於佛，曰覺有情。然在有情者之中，願行皆大，故更須稱曰大有情。此新譯菩薩摩訶薩之義也。要之，菩薩摩訶薩者，猶言菩薩中大菩薩也。

文殊師利法王子、

文殊師利亦略曰文殊，華言曰妙首，曰妙吉祥。〇《西域記》曰：「曼殊室利，唐言妙吉祥，舊曰濡首，又曰文殊師利。或言曼殊尸利，譯曰妙德，訛也。」○法王子者，菩薩爲育於法王佛陀之家者，皆法王子也。而經中多稱文殊爲法王子，則以其在釋尊二脇士之上座，助佛教化之第一法子也。○《智度論》曰：『佛爲法王，菩薩入法正位，乃至十地，故悉名王子，皆成爲佛，如文殊也。』○《首楞嚴三昧經》：『過去無量阿僧祇劫，南方世界，名曰平等，佛號龍種上如來，即文殊是。』○《央掘經》：『現在北方常喜世界歡喜藏摩尼寶積佛，即文殊是。』」

阿逸多菩薩、

阿逸多，華言曰無能勝，最勝之義。即彌勒菩薩。○《維摩經註》：「彌勒，姓也。阿逸多，字也。南天竺婆羅門子。」

乾乾，奇延反陀訶提菩薩、

乾陀訶提，華言曰香象，又曰不休息。○《思益經》曰：「恒河沙劫爲一日夜，是三十日爲一月，十二月爲一歲，過千百萬億劫，得值一佛。如是值恒河沙佛，行諸梵行，修習功德，然後授記，心不休息，故號爲乾陀訶提。」

常精進菩薩，

精進，猶言勤也。常精進，常精勤而不已也。○《寶積經》：「是菩薩爲一切衆生，經無量劫隨逐不捨，猶不受化，無一念捨棄，以身心俱進，名常精進。」

與如是等諸大菩薩。

如是，承上文，指文殊至常精進諸菩薩而言。等，包略其餘諸菩薩如普賢、觀音一切菩薩而言。○以上菩薩衆。

及釋提桓因等，

釋提桓因者，釋即釋迦，華言曰能。提桓即提婆，華言曰天。因即因陀羅，華言曰帝曰主。合言之曰能天帝，亦略稱曰帝釋，曰釋帝。住於須彌山頂上，爲三十三天（即忉利天）之主，統攝四方其餘之三十二天。○慧琳《音義》曰：「釋提桓因，具云釋迦提婆因陀羅，此云能仁天主。」○等者，包該三十二天以下人及阿修羅、六道一切衆生而言。

無量諸天大衆俱。俱音拘。

無量，言其數多，不可勝計也。○《樓炭經》云：「星是諸天宫宅。」○《法苑珠林》四：「若依内經，此諸星宿，並是諸天宫宅。」案：據此則知諸天皆在各星宿内。所謂三千大千世界者，亦指各星宿而言。○諸天，指三界諸天等而言。三界諸天：一、欲界，有地居、虚空居及六天。六天者，四天王天（東持國天王、西廣目天王、南增長天王、北多聞天王）、忉利天、須夜摩天、兜率天、化樂天、他化自在天是也。二、色界，四禪天及淨梵地，共二十天。初禪天有梵天、梵衆天、梵輔天、大梵天，二禪天有少光天、無量光天、光音天，三禪天有少淨天、無量淨天、徧淨天，四禪天有無雲天、福生天、廣果天，淨梵地有無想天、無煩天、無熱天、善見天、色究竟天、和音天、大自在天是也。三、無色界，有四空天是也。或云：「凡佛説經，欲、色兩界諸天，皆來會集，惟無色界天，既無色質，故不云來者。」非也。佛涅槃時，無色天人，淚下如雨，則雖無色界，亦焉不來哉？○大衆者，通結聲聞、菩薩、天人諸衆而言。《法華經》曰：「爾時會中，比丘、比丘尼、優婆塞、優婆夷、天龍、夜叉、乾闥婆、阿修羅、迦樓羅、緊那羅、摩睺羅伽、人非人及諸小王、轉輪聖王，是諸大衆，得未曾有。」○以上天人衆。

佛土依正分第二

此總示依正二報，爲全經提綱也。○按：由於過去之業，我之身心所被受者，謂之正報。其心身所依止之一切世間之事物，謂之依報。○《三藏法數》二十七：「依謂依報，即世間國土也。爲身所依，故名依報。正謂正報，即五陰身也。正由業力，感報此身，故名正報。既有能依之身，即有所依之土，故國土亦名報也。」○《行願品疏鈔》二：「依者凡聖所依之國土，若淨若穢。正者凡聖能依之身，謂人天男女、在家出家、外道諸神、菩薩及佛。」又案：宋釋元照以此分起至十一分之末爲正宗分，而明釋智旭以此分之「舍利弗彼土何故名爲極樂」起至第八分之末爲正宗分。今從元照之説。○此分内分二節：一標土，顯依。二標主，顯正。

爾時佛告長老舍利弗：

獨告舍利弗者，以其智慧第一，告一人即以告一切衆也。

「從是西方

是，指此土，即指娑婆世界之穢土而言。〇《列子·仲尼篇》：「丘聞西方之人有聖者焉，不治而不亂，不言而自信，不化而自行，蕩蕩乎民無能名焉。」〇《史記·六國表》：「東方物所始生，西方物之成熟。」〇《隨願往生經》：「普廣菩薩問十方悉有淨土，何故偏讚西方？佛告普廣：『閻浮提衆生心多濁亂，偏讚一佛淨土，使專心一境，即得往生。若總念一切佛，境寬則心散漫，三昧難成，故不得生。』」

過十萬億佛土，

土如字，不必讀杜。〇淨土爲華藏世界，《華嚴》言華藏世界，正以千萬爲億。〇《瑜珈略纂》：「西方有四種億：一、十萬爲億，二、百萬爲億，三、千萬爲億，四、萬萬爲億。據《瑜珈》《顯揚》以百萬爲億，《華嚴》以千萬爲億，《智度論》以十萬爲億。」〇佛土者，佛所住之國土，或佛所化之領土也。有淨土、穢土、報土、法性土諸別。以一大千世界，爲一佛領土。自一佛土、十佛土，乃至十萬億佛土。據《華嚴經》言，娑婆土在華藏世界中之第十二重，有微塵數世界，周匝圍繞之。則由娑婆土，向西而過十萬億佛土，在於微塵數世界中，不爲遠也。〇《無量壽經》：「佛告阿難：『法藏菩薩，今已成佛，現在西方，去此十萬億剎，此佛世界，名曰安樂。』」

有世界

世界者，世乃遷流之義，謂過現未三時之遷行；界則具東西南北之界畔。故世界者，即有情所依止之國土也。

名曰極樂。

樂音洛。〇《詩》：「適彼樂國。」馬融《長笛賦》：「屈平適樂國。」《禮》：「樂不可極。」案：淨土之樂，非吾國之樂極生悲者可比，故名極樂。極樂者，有安樂、安養、無量淨土、無量光明土、無量壽佛土、蓮華藏世界、密嚴國、清泰國諸名，其國但有樂而無苦，阿彌陀佛之國土也。案：蓮華藏世界亦省曰蓮藏世界。《華嚴經》言，蓮藏世界之最下爲風輪，風輪之上有香水海，香水海中生大蓮華，此華之中，包藏微塵數之世界，曰蓮藏世界。此蓮藏世界中，分二十重，每重各爲一佛刹微塵微世界。娑婆之穢土，適當其第十二重。除此穢土以外，皆淨土，故淨土即蓮藏世界也。申言之，佛土可大别之爲報化二土：佛真身所居曰報土，亦曰真土。內分自受用報土及他受用報土二種，即阿彌陀佛之國土也。佛化身所居曰化土，亦曰應土。內則淨土穢土：如釋迦佛之娑婆世界，示現雜穢之國土，教化凡夫二乘，是化土之穢土也；如在阿彌陀佛之懈慢界，示現觀音之補陀落山，是化土之淨土也。今極樂之淨土，是否兼報土及化土之淨土而言，異説紛如。然要之，穢土僅居至寡數，故曰無量淨土也。〇《鼓音聲經》曰：「西方安樂世界，今現有佛號阿彌陀，其國號曰清泰。」○《無量壽經》：「法藏説四十八願已，大地震動，天雨妙華。法藏誠諦不虚，超出四間，一向專志莊嚴妙土教化，安立無數衆生，住於無上正真之道。今已成佛，現在西方安樂世界。其國七寶奇麗，超十方界，無有須彌日月大海溪渠井谷等，亦無四惡趣，亦無春夏秋冬，不寒不熱，常和調適。其諸衆生，功德善力行業之地，故能爾耳。」

其土有佛，號阿彌陀，今現在説法。

玄奘譯本，作「今現在彼安隱住持，爲諸有情宣説甚深微妙之法，令得殊勝利益安樂。」○釋迦降生時，阿彌陀已在説法。釋迦入寂後，以至於今，及今後之萬萬年，阿彌陀亦在説法，故曰今現在説法。○《大方等無想經》：「爾時世尊，熙怡微笑，從其面門出無量光。大雲密藏菩薩問故，佛言西方世界，有國名曰安樂，佛號無量壽，見在説法。告一菩薩言：『娑婆世界釋迦牟尼佛，今説《大雲經》，汝可往聽，今彼菩薩將來至此。』」○《鼓音王經》：「阿彌陀佛父名月上轉輪聖王，其母名殊勝妙顔，子名月明。」○《法華經》言：「過去大通智勝佛，未出家時，有十六子，皆以童子出家而爲沙彌。時彼佛説《法華經》已，即入靜室八萬四千劫。是時十六菩薩，各昇法座，爲四部衆廣説分別《妙法華經》，一一皆度六百八十萬億那由他恒河沙等衆生。是十六菩薩中其一爲阿彌陀，其第十六即釋迦牟尼。」

寶樹池蓮分第三

以下明依報莊嚴。此言極樂世界水陸光華之勝也。○此分内分六節：一總示，二欄樹，三寶池，四階閣，五蓮華，六總結。

舍利弗，彼土何故名爲極樂？ 其國衆生，

《長阿含經》二十：「欲界衆生有十二種。何等爲十二？ 一者地獄，二者畜生，三者餓鬼，四者人，五者阿須倫，六者四天王，七者忉利天，八者燄摩天，九者兜率天，十者化自在天，十一者他化自在天，十二者魔天。色界衆生有二十二種：一者梵身天，二者梵輔天，三者梵衆天，四者大梵天，五者光天，六者少光天，七者無量光天，八者光音天，九者淨天，十者少淨天，十一者無量淨天，十二者遍淨天，十三者嚴飾天，十四者小嚴飾天，十五者無量嚴飾天，十六者嚴飾果實天，十七者無想天，十八者無造天，十九者無熱天，二十者善見天，二十一者大善見天，二十二者阿迦尼吒天。無色界衆生有四種。何等爲四？ 一者空智天，二者識智天，三者無所有智天，四者有想無想智天。」○按：其國之衆生，非在三界内之衆生，指三界内之衆生已生淨土者而言也。○《無量壽經》：「彌勒白佛言：『於此世界有幾不退菩薩往生極樂？』佛告彌勒：『於此世界有六十七億不退菩薩往生彼國，一一菩薩已曾供養無數諸佛，次如彌勒者也。諸小行菩薩及修行功德者不可稱計，皆當往生。又不但我剎諸菩薩往生他方佛土，如遠照佛剎有百八十億菩薩皆當往生。乃至不但此十四佛國諸菩薩往生，十方世界無量佛國往生者甚多無數。若我具說，一劫尚未能盡，今略說耳。』」

無有衆苦，

諸經論中，有三苦、八苦、十苦、百一十苦諸別。以苦事非一，故曰衆苦也。

但受諸樂，

如下文經中所陳樂事非一，故曰諸樂。

故名極樂。

玄奘譯本作「何因何緣，彼佛世界名爲極樂？舍利子，由彼界中諸有情類，無有一切身心憂苦，唯有無量清淨喜樂，是故名爲極樂世界」。○衆生享樂，有苦多樂少者，有苦樂相半者，有苦少樂多者。惟此純樂無苦，故曰極樂。

又，舍利弗，極樂國土，七重欄楯，欄音蘭，楯音盾。

欄楯，謂木勾欄也。横曰欄，豎曰楯。圍於樹外，以防護樹者。○《長阿含經》十八：「其欄楯者，金欄銀桄、銀欄金桄、水精欄琉璃桄、琉璃欄水精桄、赤珠欄馬瑙桄、馬瑙欄赤珠桄、車磲欄衆寶桄。」

七重羅網，

羅，布也。連綴珍寶成網，羅布於樹上，以作莊嚴之具者。○《瑞相經》：「無量寶網，皆以金縷珍珠，百千雜寶，莊嚴較飾，周帀四面，垂以寶鈴，光色華耀，羅覆樹林。」○《長阿含經》十八：「其檻楯上有寶羅網：其金羅網下懸銀鈴，其銀羅網下懸金鈴，琉璃羅網懸水精鈴，水精羅網懸琉璃鈴，赤珠羅網懸馬瑙鈴，馬瑙羅網懸赤珠鈴，車磲羅網懸衆寶鈴。」

七重行音杭**樹，**

羅列成行之樹林也。○《佛説無量壽經》：「諸寶崖上，有無數栴檀香樹，吉祥果樹，行行相值，莖莖相望，枝枝相准，葉葉相向，花花相順，果果相當，如是行列，是名爲行。」○《長阿含經》十八：「七重行樹，其金樹者金根金枝銀葉華實，其銀樹者銀根銀枝金葉華實，其水精樹水精根枝琉璃華葉，其琉璃樹琉璃根枝水精華葉，其赤珠樹赤珠根枝馬瑙華葉，其馬瑙樹者馬瑙根枝赤珠華葉，車磲樹者車磲根枝衆寶華葉。」

皆是四寶、周帀帀音札，通作匝。**圍繞，**

玄奘譯本，作「極樂世界淨佛土中，處處皆有七重行列妙寶欄楯，七重行列寶多羅樹，及有七重妙寶羅網，周匝圍繞四寶莊嚴，金寶、銀寶、吠瑠璃寶、頗胝迦寶，妙飾間綺」。據此則知四寶者，即下文七寶之前四寶：金、銀、琉璃、玻瓈也。欄楯也，網也，樹也，皆是此四寶所成。重重相間，數各有七，周匝圍繞於其國土也。

是故彼國名爲極樂。又，舍利弗，極樂國土，有七寶池，

七寶，見下文，金、銀、瑠璃、玻瓈、硨磲、赤珠、碼碯是也。○《大阿彌陀經》：「其内外復有自然流泉及諸池沼，與自然七寶俱生。有純一寶池者，其底沙亦以一寶。若黄金池者，底白銀沙。水晶池者，底琉璃沙。珊瑚池者，底琥珀沙。有二寶爲一池者，其底沙亦以二寶，若黄金白銀池者，底沙則以水晶琉璃。若水晶琉璃池者，底沙則以珊瑚琥珀。若珊瑚琥珀池者，底沙則以硨磲瑪瑙。若三寶四寶以至七寶共爲一池，底沙亦如是。此諸寶池，有方四十里者，有方五十里者，有方六十里者。如是展轉漸大，以至於方二萬四百八十里，若大海然。是諸池者，皆菩薩聲聞，諸上善人，生長之所，有時浴於其間。若彼佛池，其方倍此。皆七寶相間而成，白珠、明月珠、摩尼珠爲之底沙。」○《佛説無量壽經》：「内外左右有諸浴池，或十由旬。」○《註維摩經》六：「肇曰：由旬，天竺里數名。上由旬六十里，中由旬五十里，小由旬四十里也。」「或二十三十乃至百千由旬，猶如大海。一寶二寶乃至七寶所共合成。」又曰：「若彼佛池，皆七寶成。」○《觀無量壽經》：「一一池水，七寶所成。其寶柔輭，從如意珠王生，分十四支，作七寶妙色，黄金爲渠。」

八功德水，

玄奘譯本，作「八功德水彌滿其中。何等名爲八功德水？一者澄淨，二者清冷，三者甘美，四者輕輭，五者潤澤，六者安和，七者飲時除饑渴等無量過患，八者飲已定能長養諸根四大，增益種種殊勝善根，多福衆生常樂受用」。○《俱舍論》：「八功德水：一甘，二冷，三輭，四輕，五清淨，六不臭，七飲時不損喉，八飲已不傷腸。」

充滿其中。

《大阿彌陀經》：「八功德水，湛然盈滿，清淨香潔，味如甘露。」○《觀無量壽經》：「諸上善人入七寶池澡雪身體，意欲令水没足，水即没足；欲令至膝，水即至膝；欲令至腰、至腋、至頸，及灌其身，悉如其意；欲令還復，水即還復。調和冷暖，無不順適。開神悦體，滌蕩情慮，清明澄潔，淨若無形。」

池底純以金沙布地。

布猶鋪也。○《無量壽經》：「大河之下，金沙布地。有諸天香，世無能喻，隨水散馥，雜水流芳。」○《觀無量壽經》：「黄金爲渠，渠下皆以雜色金剛而爲底沙。」

四邊階道，

池水之周圍四邊，有階道也。離地曰階，如梯磴是。坦途曰道，如街衢是。

金、

黄金也，爲化學原質之一。

銀、

金屬化學原質之一。色白，光澤甚美，古謂之白金。

瑠璃、瑠璃音柳例。

青色之寶石也。○玄應《音義》二十三：「瑠璃，吠瑠璃也。從山爲名，謂遠山寶也，遠山即須彌山也。此寶青色，一切寶皆不可壞。」○慧琳《音義》一：「吠瑠璃，寶名也，或云毘瑠璃，或但云瑠璃。須彌南是此寶也。其寶赤色瑩徹有光，凡物近之，皆同一色。帝釋慧珠，云是此寶。」

玻璨 玻璨音坡璃。

玻璨又作頗梨。○玄應《音義》二：「頗梨，西國寶名也。此寶出山石窟中，過千年冰化爲頗梨珠，此或有也。」○慧琳《音義》四十一：「頗胝迦吉，譯或云頗梨，或云頗胝，皆訛轉也。正梵音云颯破梭迦，形如水精，光瑩精妙於水精，有黄碧紫白四色差別。」

合成。

玄奘譯本，作「四面周匝有四階道，四寶莊嚴，甚可愛樂」。

上有樓閣，

池上有樓閣也。重屋曰樓，岑樓曰閣。○《無量壽經》：「是諸樓閣，有隨意高大，浮於空中，若雲氣者。有不能隨意高大，止在地上者。以求道時，德有厚薄所致。」○《隨願往生經》：「普廣菩薩白佛言：『何故經中，讚歎阿彌陀佛刹，七寶諸樹，宫殿樓閣，諸願生者，皆悉隨彼所欲，應念而至？』」○《大阿彌陀佛經》：「第五願，我作佛時，我刹中自地以上，至於虚空，皆有宅宇宫殿樓閣，池流花樹，悉以無量雜寶、百千種香而共合成。嚴飾奇妙，殊勝超絶。其香普熏十方世界，衆生聞是香者，皆修佛行。」

亦以金、銀、瑠璃、玻瓈、硨磲、硨音車，磲音渠。

硨磲爲文蛤類之最大者，長徑三尺許，殼甚厚，内白色而光潤，外呈褐色而有凹渠五條。切而磨之，則如白玉，可爲裝飾品。清時以爲頂珠。

赤珠、

赤色之珠。○《佛地論》曰：「赤蟲所出有天赤珠，名因陀羅，非世所有。」

瑪瑙

瑪瑙音馬腦，爲石英類礦物，與玉髓同質。時有赤白灰各色相間，成平行層，多爲圓形，中心常空洞。水晶簇生其中，品類甚多。

而嚴飾之。嚴飾，莊嚴較飾也。○《華嚴經》：「危樓迴帶，閣道旁出，棟宇相承，窗闥交暎，階墀軒檻，種種滿足，一切皆以妙寶莊嚴。」

池中蓮華，

華與花通。凡佛經中之花字，均作華。

大如車輪，

《觀無量壽經》：「一一池有七寶蓮華，團圓正等十二由旬。」○《大阿彌陀經》：「衆寶蓮華，周遍世界。一一寶華，有無量百千億葉。」〇《如來藏經》：「爾時世尊，於栴檀重閣，正坐道場，而現神變。有千葉蓮華，大如車輪。華中化佛，各放百千光明。」〇天竺有四種蓮華：一、優鉢羅華，色青。二、拘物頭華，色黄。三、波頭摩華，色赤。四、芬陀利華，色白。故此經説極樂國之蓮花，亦喻以四色也。

青色青光，黄色黄光，赤色赤光，白色白光，

玄奘譯本，作「是諸池中，常有種種雜色蓮華，量如車輪。青形青顯青光青影，黄形黄顯黄光黄影，赤形赤顯赤光赤影，白形白顯白光白影，四形四顯四光四影」。〇《大日經疏》十五：「三藏説西方蓮華有多種：一者鉢頭摩，（復有二種：一者赤色，即此間蓮華也。二者白色，今此間有白蓮是也，非芬陀利。）優鉢羅，（亦有赤白二色，又有不赤不白者，形似泥羅鉢羅花也。）俱勿頭，（有赤及青二種，又云俱勿頭，是蓮華青色者。）泥盧鉢羅（此華從牛糞中生，極香，是文殊所執者，自如青蓮，亦是此色。更有蘇健地伽花，亦相似而小花）。芬陀利迦（花可有百葉，葉葉相承，圓整可愛。最外葉極白，漸向内色漸微黄，乃至最在内者與蕚色相近也。此花極香也。）」

微妙香潔。

言蓮華具此四德也。〇《摘要易解》：「大小形相未定，隨機所見，故云微。因果同時，處染常淨，故云妙。華出金沙，香中之香，故云香。潔中之潔，故云微妙香潔。」

舍利弗，極樂國土成就如是功德莊嚴。

如是指上欄網、行樹、池閣、蓮華種種而言。此種種莊嚴，皆是阿彌陀佛因中所發大願，及願後所修大行，無量功德之所成就，故曰「成就如是功德莊嚴」也。○《無量壽經》：「法藏比丘，發四十八願已，住真實慧，勇猛精進，阿僧祇劫修菩薩行，護身口意，修行六度，了空無相無作，以行教化，致無量衆生發菩提心，是謂大行。言功德者，即此行願名爲功德。」○《華嚴經》：「此華藏莊嚴世界海，是毘盧遮那往昔微塵數佛所修微塵數大願之所嚴淨。」

天人供養分第四

此言極樂世界，天人供養之勝也。○此分内分七節：一天樂，二金地，三雨華，四供佛，五還國，六自適，七總結。

又，舍利弗，彼佛國土，常作天樂，樂音欲。

玄奘譯本，作「常有無量無邊衆妙伎樂，音曲和雅，甚可愛樂。諸有情類聞斯妙音，諸惡煩惱悉皆消滅，無量善法漸次增長，速證無上正等菩提」。○天樂，天人之伎樂也。天樂自鳴，無有作輟，故常作也。○《法華經》：「四王諸天爲供養，常擊天鼓，其餘諸天作天伎樂。」

黄金爲地。

玄奘譯本，作「周遍大地真金合成，其觸柔輭香潔光明，無量無邊妙寶間飾」。○《無量壽莊嚴經》：「彼國佛土，清淨嚴飾，寬廣平正，無有邱陵、坑坎、荆棘、沙礫、土石等山、黑山、雪山、寶山、金山、須彌山、鐵圍山、大鐵圍山，唯以黄金爲地。」

晝夜六時，

以一晝分爲三時，一夜分爲三時，故曰六時。然極樂世界一晝夜，可抵娑婆世界之一劫。○《華嚴經·壽量品》曰：「心王菩薩，言此娑婆世界釋迦佛刹一劫，於極樂世界阿彌陀佛刹爲一日一夜。」又《悲華經·陀羅品》：「彼佛世界，常有佛光以爲照明。以華合鳥棲，如來菩薩，入諸禪定師子遊戲，其心歡喜，受解脱樂，爾時便知即是夜分。若有風吹諸華散地，諸鳥相和，作微妙聲，雨種種華，四方風起，香氣微妙，柔輭細滑，佛及菩薩，從禪定起。是時彼佛爲諸大衆説菩薩法藏，欲令出過聲聞緣覺，是故得知即是晝分。」

雨天曼陀羅華。

天曼陀羅華者，天華也。曼陀羅，花名，華言曰白團華，又言適意華、悦意華。○《法華經》：「佛説此經已，結跏趺坐，入於無量義處三昧，身心不動，是時天雨曼陀羅華。」

其土衆生，常以清旦，

清旦猶言清晨。

各以衣裓音革**盛衆妙華，**

《法華經・譬喻品》：「長者見是大火，從四面起，大驚作念：『我雖得出，諸子樂戲，不覺火逼，痛切無厭。長者思維，我身手有力，當以衣裓若以几案，從舍出之。』」○衣裓，真諦云：「外國盛華器也。」○《一切經音義》：「衣裓謂衣襟。」孫星衍曰：「《説文》：『衸，袥也。』『袥，衣衸。』此即裓正字。《玉篇》有裓音義，與此略同。」○《圓中鈔》曰：「天花雨時，何必尋器，即以衣裓而盛之，就襟拾花而散之，散已放襟而忘之。此淨土最適意之事也。」○妙華者，殊妙之華也。○《無量壽經》上：「天雨妙華。」○衆妙華者，如《法華經・序品》所云之「曼陀羅華、摩訶曼陀羅華、曼殊沙華、摩訶曼殊沙華」等也。

供養他方十萬億佛。

《大阿彌陀經》：「阿彌陀佛刹中，諸菩薩承佛威神，一食之頃遍至十方無量世界，供養諸佛。隨心所欲，花香伎樂，衣蓋幢幡，無數供養之具，自然化現其前。珍妙殊特，非世所有，輒以奉佛及諸菩薩聲聞之衆。或欲獻花者，即於空中化成華蓋，小者周圍四十里或五十里或六十里，如是展轉漸大，有至於六百萬里。各隨其小大停於空中，以成圓象，勢皆下向，以成供養。」○上云「過十萬億佛土」，蓋一佛一大千土，十萬億佛即十萬大千土也。

即以食時，

蓮池大師《彌陀疏鈔》：「食時者，晨齋時也。清旦至於晨齋，爲時至少。以至少時供至多佛，明其速也。」真嵩之《彌陀經摘要易解》亦云：「食時者，晨齋時也。」達默之《便蒙鈔》云：「食時即清旦。」大佑之《圓中鈔》則云：「食時者，午前也。」未定爲晨食。其餘諸本，均以晨齋釋之。此説非是。蓋食時，午時也。因三世諸佛皆以午時爲法食之時，清旦時爲諸天食時，未可混同。《毘羅三昧經》曰：「世尊爲惠法菩薩説云：『食有四種：旦，天食時。午，法食時。暮，畜生食時。夜，鬼神食時。』佛斷六趣因，令同三世佛，故曰午時是法食時也。」見《法苑珠林》四十二。

還到本國，

本國，極樂國也。○《無量壽經》：「諸大菩薩承佛威神，一食之頃，徧至十方無量世界，供養諸佛。華香伎樂，衣蓋幢旛，無數供具，以成供養。復以妙音，歌歎佛德，聽受經法。既供養已，忽然輕舉，還到本國，猶爲未食之前。」

飯音反食食音嗣

《論語・述而》：「飯蔬食飲水。」皇侃疏：「飯，猶食也。蔬食，菜食也。」朱熹集註：「飯，符晚反。食，音嗣。飯，食之也。蔬食，麤飯也。」○《大阿彌陀經》：「阿彌陀佛刹中諸往生者，其飯食時有欲銀鉢者，有欲水晶琉璃鉢者，有欲珊瑚琥珀硨磲瑪瑙鉢者，或欲明月珠、摩尼珠、白玉紫金等鉢，皆隨其意化現在前。百味飲食充滿其中，酸鹹辛淡各如所欲。多亦不餘，少亦不缺。亦不以美故過量而食，惟以資益氣力，食已自然消散而無遺滓。或但見色聞香，意以爲食，自然飽適，無所味著，身心清利。既已用已，自然化去，再欲食時，復現如前。」

經行。玄奘譯本，作「晝夜六時，常雨種種上妙天華。光澤香潔，細輭雜色。雖令見者身心適悅，而不貪著，增長有情無量無數不可思議殊勝功德。彼有情類，晝夜六時，常持供養無量壽佛。每晨朝時持此天華，於一食頃，飛至他方無量世界供養百千俱胝（俱胝，或言十萬，或言百萬，或言千萬）諸佛。於諸佛所，各以百千俱胝樹花，持散供養。還至本處，遊天住等」。（天住等者，指四種住處而言：一天住，六欲天之住處也。二梵住，色界無色界諸天之住處也。三聖住，三乘聖者之住處也。四佛住，一切諸佛之住處也。）○飯食經行者，承上食時而言食，食已而行，言甚徜徉自適也。據玄奘譯本，則知食後可遊行於三界諸天，無所阻礙，是謂經行。○按：未生淨土時，亦有經行法，歷舉如下。《法華玄贊》：「西域地濕，疊磚爲道，於中往來，消食誦經，如經布綃之來去，故言經行。」○《釋氏要覽》：「經行有五利：一、動健，二、有力，三、不病，四、消食，五、意堅固。有五處可經行：一、閑處，二、户前，三、講堂前，四、塔下，五、閣下。」○《十誦律》：「經行法者，比丘應直經行，不遲不疾。若不能直，當畫地作相，隨相直行。是名經行法。」

舍利弗，極樂國土成就如是功德莊嚴。

結上天樂天華等種種莊嚴，皆彌陀佛願行功德之所成就也。

禽樹演法分第五

此言極樂世界衆生聞法之勝也。○此分内分三節：一化禽演法，二風樹演法，三總結。

復音浮，去聲。次，

再言也。

舍利弗，彼國常有種種奇妙雜色之鳥、

奇妙言異常，雜色言美觀。

白鶴、

最貴者爲丹頂鶴，高三尺餘，嘴及頸脚皆長，翼大，飛翔至捷。體純白，頂赤，額頰及自咽喉至頸黑色，翼尖亦黑，尾羽白。喜食魚，鳴聲高朗。

孔雀、

形略如雉，體長三尺餘，翼短小。雄者特壯麗。尾有長羽，能開張作扇狀。金色，有翠緑斑紋，作眼球形，排列於上，極絢爛。

鸚鵡、

一名鸚母，毛色純白，嘴大而短，上嘴鈎曲，覆其下嘴，舌肥厚。善學人語，足二趾向前，二趾向後。

舍利、

見前，或亦譯曰春鶯。

迦陵頻伽、

華言好聲鳥。迦陵者好，頻伽者聲也。○慧苑《音義》曰：「迦陵頻伽，此云美音鳥，或云妙聲鳥。此鳥本出雪山，在㲉中即能鳴。其音和雅，聽者無厭。」

共命之鳥。

又曰生生鳥、命命鳥。兩首一身，果報同，心識異也。○玄奘譯本，作「常有種種奇妙可愛雜色衆鳥，所謂鵝、雁、鶖、鷺、鴻、鶴、孔雀、鸚鵡、羯羅頻迦、命命鳥等」。

是諸衆鳥晝夜六時出和雅音，

雅音。

優柔平中，無有麤厲，能令聽者躁心自釋，是名和音。正大謹嚴，無有邪靡，能令聽者欲心自平，是名

其音演暢

演者，張而廣之，義無盡故。暢者，敷而達之，意無滯故。

五根、

一、信根，信三寶四諦。爲餘四根之總，餘四根皆承此爲別。二、精進根，又名勤根，勇猛修善法。三、念

根，憶念正法。四、定根，心止於一境，不令散失。五、慧根，思惟真理。此五法者，能生一切善法之本，故名五根。見《智度論》十九、《法界次第》中之下、《大乘義章》四。○《俱舍論》三：「於清淨法中，信等五根，有增上用。所以者何？由此勢力伏置煩惱，引聖道故。」○《彌陀疏鈔》曰：「根有二義：一者能持義，持其所已得而自分不失也。二者生後義，生其所未得而勝進上求也。」

五力、

五力者，爲信、精進、勤念、定、慧之五根增長，具有治五障之大力者也。一信力，信根增長，能破諸邪信。二精進力，精進根增長，能破身懈怠。三念力，念根增長，能破諸邪念。四定力，定根增長，能破諸亂想。五慧力，慧根增長，能破三界諸惑。其詳見《法界次第》中之下。又《宗鏡録》亦有五力，唯識不判，一定力，二通力，三借識力，四大願力，五法威德力。

七菩提分、

菩提，覺也，故亦曰七覺分，曰七覺支。一、擇法覺支，以智慧，擇法真僞。二、精進覺支，以勇猛心，離邪行之真法。三、喜覺支，心得善法，因生歡喜。四、輕安覺支，除身心麁重，使輕利安適。五、念覺支，常明記定慧，均等不忘。六、定覺支，心住一境，不令散亂。七、行捨覺支，捨諸謬妄，捨一切法，平心坦懷，更不追憶。凡於修道中，斷除思惑，依此七覺之力。若約修行之次第，宜列曰八正七覺。惟約數之次第，則列曰七正八覺耳。

八聖道分

聖，正也，故又曰八正道分。一、正見，明見苦、集、滅、道四諦之理，無漏之慧爲體，是八正道之主體也。二、正思惟，既見四諦之理，更觀察思惟，增長真智，無漏慧之心所爲體。三、正語，以真智，修口業，不作一切非理之語，無漏之戒爲體。四、正業，以真智，除第一切邪業，住於清淨之身業，無漏之戒爲體。五、正命，清淨身口意之三業，順正法而活命，離五種邪活法，無漏戒爲體。六、正精進，發用真智，强修涅槃之道，無漏之勤爲體。七、正念，以真智，憶念正道，無有邪念，無漏之念爲體。八、正定，以真智入無漏清淨之禪定，無漏之定爲體。此八法，盡離邪非，故曰正；能通涅槃，故曰道。皆屬無漏，不取有漏，是見道位之行法也。若七支覺，則修道之行法也，宜辨。

如是等法。

不僅上述五根、五力、七菩提分、八正道分，共二十五種，更有未言之四念處、四正勤、四如意足，與前二十五種合成三十七品，故言等以包賅之。○四念處者：一、身念處，二、受念處，三、心念處，四、法念處。四正勤者：一、精進根，二、精進覺，三、精進力，四、正精進。四如意足者：一、欲三摩地，二、勤三摩地，三、心三摩地，四、觀三摩地。

其土衆生聞是音已已音以，

《玉篇》：「畢也，訖也。」

皆悉念佛念法念僧。

玄奘譯本，作「彼土衆生聞是聲已，各得念佛念法念僧，無量功德重修其身」。〇是音，衆鳥演法之音也。衆生聞之，悉能憶念佛法僧三寶之恩德也。〇三寶有二義：一曰世間三寶，雕鑄、塑、畫，名爲佛寶。黃卷、赤軸，名爲法寶。持戒比丘，和合無諍，名爲僧寶。二曰出世間三寶，性體靈覺，照了諸法，名爲佛寶。恒沙性德，皆可執持，名爲法寶。性相無二，寂照無違，名爲僧寶。此三者，又名最上乘自性三寶。依此修行，即出三界。〇唐白居易《讚佛偈》：「十方世界，天上天下。我今盡知，無如佛者。堂堂巍巍，爲天人師。故我禮足，讚歎歸依。」又《讚法偈》：「過見當來，千萬億佛。皆因法成，法從經出。是大法輪，是大寶藏。故我合掌，至心迴向。」又《讚僧偈》：「緣覺聲聞，諸大沙門。漏盡果滿，衆中之尊。假和合力，求無上道。故我稽首，和南僧寶。」

舍利弗，汝勿謂此鳥實是罪報所生。

罪報，罪業所報之苦果，如淪於畜生道是也。今明此鳥非畜生，故云非罪報所生。

所以者何？彼佛國土無三惡道。

因惡業而往來之處所有三，名曰三惡道。一曰地獄道，成上品之十惡業者趣之。二曰餓鬼道，成中品之十惡業者趣之。三曰畜生道，成下品之十惡業者趣之。

舍利弗，其佛國土尚無惡道之名，何况有實？

玄奘譯本，作「何説有實罪業所報，傍生衆鳥」。〇《大阿彌陀佛經》：「願我作佛時，我刹中皆不聞不善之名，况有其實？」又云：「於彼世界，不復聞於地獄、餓鬼、畜生、夜叉、殺生、偷盜、鬬諍、惡口、兩舌，如是等一切惡聲，聞且絶無，况有其實？」

是諸衆鳥，皆是阿彌陀佛欲令法音宣流，變化所作。

《摘要易解》：「宣流者，宣則宣布，流則流通，如近及遠，猶如逝水。」〇法音，説法之聲音也。

明諸衆鳥，皆阿彌陀佛之化身也。〇《大寶積經》：「復有衆鳥，住虚空界，出種種音，猶如佛聲，普聞世界。是諸衆鳥，皆是化作，非實畜生。」〇《大乘義章》十八：「爲化衆生，示現佛形，名爲應身，示現種種六道之形，説爲化身。」〇案：佛有三身：一化身，二報身，三法身。廣門之化身，凡示現種種之佛身，及六道異類之身，皆曰化身。狹門之化身，以現佛形爲應身，現他異形爲化身。

舍利弗，彼佛國土，微風吹動諸寶行樹及寶羅網，出微妙音，

言諸行樹、羅網因風出音，如上諸鳥出和雅音，宣流法音也。〇《大阿彌陀經》：「微風徐動，吹諸寶樹，或作音樂，或作法音。」又曰：「或時微風妙動，演出無量妙法音聲。其聲流布，遍諸佛刹。」

譬如百千種樂同時俱作。聞是音者，自然皆生念佛念法念僧之心。

玄奘譯本，作「譬如百千俱胝天樂同時俱作，出微妙聲，甚可愛玩，如是彼土常有妙風，吹衆寶樹及寶羅網，擊出種種微妙音聲，説種種法。彼土衆生聞是聲已，起佛法僧念，作意等無量功德。」○《無量壽經》：「佛道場樹，衆寶莊嚴，寶網覆上，微風徐動，出無量妙法音聲，徧諸佛刹。衆生聞者，得深法忍，住不退轉，以至成就無上菩提。」

舍利弗，其佛國土，

彌陀佛之國土。

成就如是功德莊嚴。

結上化禽、風樹二種莊嚴，皆阿彌陀佛因地願行功德所成就。

佛德無量分第六

上明依報莊嚴，此明正報莊嚴，言阿彌陀佛爲萬德之所成也。○此分内分五節：一光明無量，二壽命無量，三道成無量，四化伴無量，五總結。

舍利弗，於汝意云何，

云何，猶言如何也。○極樂國土爲報土，報土有依報、正報二者。如上言「欄網行樹，池閣蓮華，天樂天華，化禽風樹」，種種莊嚴，皆是依報。依報從正報所生，正報即阿彌陀佛也。佛以此意問舍利弗曰：「於意云何？」審其解否也。

彼佛何故號阿彌陀？

設問阿彌陀命名之義。

舍利弗，彼佛光明無量，

自瑩曰光，照物曰明。光明有二種：一曰智光，自身受用，照真法界。二曰身光，他身受用，徧照大衆。光明有二用：一以照闇，一以現法。○《無量壽經》：「佛告阿難：『無量壽佛，威神光明，最尊第一，諸佛光明所不能及。或有佛光，照百佛世界或千佛世界。取要言之，乃照東方恒沙佛刹，南西北方、四維上下，亦復如是。或有佛光，照於七尺，或照一由旬，如是轉倍，乃至照一佛刹。是故無量壽佛，號無量光佛、無邊光佛、無礙光佛等。其有衆生遇斯光者，三垢消滅，身意柔輭，歡喜踴躍，善心生焉。若在三塗，見此光明，無復苦惱，壽終之後，皆蒙解脱。』」○《無量壽莊嚴經》：「無量壽佛於手掌中放無量光，照於東方百千俱胝那由他佛刹。於此世界，所有黑山、雪山、金山、寶山、目真鄰陀山、摩訶目真鄰陀山、須彌山、鐵圍山、大鐵圍山，大海江河、叢林樹木及天人宫殿，一切境界，無不照見。譬如日出，明照世間，亦復如是。」○又曰：「彼佛如來於過去無量無邊阿僧祇劫前爲菩薩時，發大誓言：『我於未能成正覺時，若有十方世界無量衆生，聞我名號，或頂禮憶念，或稱讚師依，或香華供養等，如是衆生速生我刹，見此光明，即得解脱。若諸菩薩見此光明，即得受記，證不退位，手持香華及諸供具，往十方界無邊淨刹，供養諸佛而作佛事，增益功德。經須臾間，復還本土，受諸快樂。』是故光明而入佛頂。」

照十方國

十方者，四方四隅及上下也。國，猶言世界也。〇《觀無量壽經》：「身諸毛孔，演出光明，如須彌山。彼佛圓光，如百億三千大千世界。於圓光中，有百萬億那由他恒河沙化佛。一一化佛，亦有衆多無數化菩薩以爲侍者。無量壽佛有八萬四千相，一一相中各有八萬四千隨形好，一一好中復有八萬四千光明，一一光明徧照十方世界念佛衆生，攝取不捨。」

無所障礙，

障礙，遮障隔礙也。無所障礙者，徹山透壁，通幽達冥，無能使光隱没，無能使光斷絶故。

是故號爲阿彌陀。

玄奘譯本，作「由彼如來恒放無量無邊妙光，遍照一切十方佛土，施作佛事無有障礙。由是緣故，彼土如來名無量光」。〇此言以無量光，得阿彌陀之名。《無量佛經》：「佛告舍利弗：『彼佛何故號阿彌陀？舍利弗，十方人天往生彼國者，壽命長遠億百千劫，與佛同等，故號阿彌陀。』」〇《無量壽經》：「無量壽佛放大光明，普照一切諸佛世界。金剛圍山、須彌山王、大小諸山，一切所有，皆同一色。譬如劫水彌滿世界，其中萬物沈没不現，滉瀁浩汗，惟見大水。彼佛光明，亦復如是。聲聞菩薩一切光明皆悉隱蔽，唯見佛光明耀顯赫。」

又，舍利弗，彼佛壽命

壽有三：一曰應壽，示同生滅，有始有終。二曰報壽，一得永得，有始無終。三曰法壽，非壽非不壽，無始無終。此阿彌陀佛之壽，謂報壽及法壽也。○壽命者，壽由命持也。《輔行》曰：「一期爲壽，連續曰命。一期連持，息風不斷，名爲壽命。」

及其人民

阿彌陀領有極樂國土，故有人民。○案：當言「人民壽命」，承上文，但省言「人民」也。唐玄奘譯本曰：「由彼如來，及諸有情，壽命無量無數大劫。」正賅言「阿彌陀及人民俱無量壽」。

無量無邊阿僧祇劫，

量以積言，邊以界言。阿僧祇，華言曰無數，亦曰無央數。央，盡也。蓋阿，華言曰無；僧祇，華言曰數也。○劫，劫簸之略，大劫也。華言曰長時，亦曰大時，用以稱通常年日時所不能算之遠大時節。唐玄奘譯曰：「無量無數大劫。」

故名阿彌陀。

《無量壽經》：「無量壽佛壽命長久，不可稱計。假使十方世界無量衆生，皆得人身，悉令成就聲聞緣覺，都共集會，禪思一心，竭其智力，於百千萬劫，悉共推算，計其壽命長遠劫數，不能窮盡知其限極。」

舍利弗，阿彌陀佛成佛以來，於今十劫。

玄奘譯本，作「無量壽佛證得阿耨多羅三藐三菩提已來，經十大劫」。○《無量壽經》亦言：「法藏菩薩成佛以來，凡歷十劫。」○十劫，十大劫也。人壽自十歲起，每過百年增一歲，至八萬四千歲，爲增劫之極。又自八萬四千歲起，每過百年減一歲，至十歲，爲減劫之極。一增一減，共計一千六百八十萬年，名一小劫。合二十小劫，共計三萬三千六百萬年爲一中劫。歷第一次中劫，名曰成劫。歷第二次中劫，名曰住劫。歷第三次中劫，名曰壞劫。歷第四次中劫，名曰空劫。合四中劫共計十三萬四千四百萬年爲一大劫。若十大劫則須歷中劫四十次，即歷成住壞空各十劫也。○《大藏一覽》六：「凡十方三世所有一切世界，皆悉具此四種相劫，謂成住壞空。成而即住，住而續壞，壞而復空，空而又成，連環無盡。譬如浮橋，用二十年方造得成，又二十年跨水度人，又二十年方壞得盡，又二十年無橋唯水。（空劫唯水徧十方界）都將成住壞空八十轆轤結算，總計一十三萬四千四百萬年，爲始終之極數。所有曠大劫來，世界成壞，不可窮盡也。」○以上言成道無量。

又，舍利弗，彼佛有無量無邊聲聞弟子，

聲聞者，佛法中之弟子，聞佛之教，悟四諦之理，斷見思之惑，而入於無餘涅槃。佛道中之最下根也。○

《勝鬘寶窟》曰：「聲聞者下根，從教立名，聲者教也。」

皆阿羅漢，非是算數之所能知。

算數者，算計之數也。此方則一十百千萬億等，佛經則如《華嚴·阿僧祇品》所説有一百四十數是也。

諸菩薩衆

菩薩解見前。

亦復如是。

亦多至不可勝數，玄奘譯言「聲聞菩薩，其數難量，不可稱説」。○以上言化伴無量。

舍利弗，彼佛國土，成就如是功德莊嚴。

結上光明壽命成道化伴種種莊嚴，皆阿彌陀佛宿因願行功德之所成就。○自欄網行樹至此，依正共五番莊嚴。極樂之義，略盡於此。下文衆生生者及補處等，亦正報中事也。

往生發願分第七

上言佛土莊嚴，依、正二報已明；下就往生者説。此言已生者精進之多，勸人發願也。○此分内分四節：一大衆，二上首，三結勸，四申明。

又，舍利弗，極樂國土，衆生生者，

謂娑婆世界中之衆生有往生者。○《觀無量壽經》:「若有衆生,願生彼國者,發三種心即便往生。何等爲三?一者至誠心,二者深心,三者迴向發願心。具三心者,必生彼國。」○《華嚴經·行願品》:「普賢菩薩於逝多林末會,發十大願王。其一一願,皆云虚空界盡,衆生界盡,我此大願無有窮盡。是人臨命終時,最後刹那,一切諸根悉皆散壞,一切威勢悉皆退失,輔相大臣宫殿内外象馬車乘、珍寶伏藏無復相隨,唯此願王不相捨離,於一切時引導其前,一刹那中,即得往生極樂世界。」○《菩薩處胎經》二:「西方去此閻浮提十二億那由陀有懈慢界,國土快樂,作倡伎樂,衣被服飾,香花莊嚴,七寶轉圍床。乃至前後發意衆生欲生阿彌陀佛國者,皆深染著懈慢國土,不能前進生阿彌陀佛國。億千萬衆時有一人能生阿彌陀佛國,何以故?皆由懈慢,執心不牢固。」

皆是阿鞞音皮跋致。

阿,華言無。鞞跋致,華言退轉。合言之曰不退轉。○《翻譯名義集》十二:「阿鞞跋致,亦名阿惟越致,此云不退轉。不退有三義:入空位不退,入假行不退,入中念不退。《妙樂》云:『般若是位,離二死故。解脱是行,諸行具故。法身是念,證實境故。』」○《智度論》曰:「無生法忍,即是阿鞞跋致地。」○《智度論》七十三:「無生忍者,乃至微細法不可得,(不可得即《金剛經》無所得之意)何況大?是名無生。得此無生法,不作不起諸業行,是名得無生法忍。得無生法忍菩薩,是名阿鞞跋致。」

其中多有一生補處,

玄奘譯本，作「若諸有情生彼土者，皆不退轉，必不復墮諸險惡趣邊地下賤蔑戾車中。常遊諸佛清淨國土，殊勝行願念念增進，決定當證阿耨多羅三藐三菩提」。〇《三藏法數》四：「一生者，謂等覺菩薩無明之惑未盡，尚有一番變易生死，過此一生，即登妙覺果佛之位。所以等覺菩薩，稱爲一生補處。經云：『一生當得阿耨多羅三藐三菩提』是也。」〇一者一實之理也。在初地菩薩之位，初得淨菩提心，自此一實，出生無量三昧總持門。迄至第十地，更有第十一地即佛地之法，若轉生以補佛處，名曰一生補處。〇《大疏》：「言一生者，謂從一而生也。初得淨菩提心時，從一實之地，發生無量無邊三昧總持尼門。如是一一地中，次第增長，當知亦爾。迄至第十地滿足，未至第十一地。爾時從一實境界，具足發生一切莊嚴，唯少如來一位，未得證知。更有一轉法性生，即補佛處，故名一生補處。」〇案：一生補處，亦名等覺，名金剛心，名有上士，名無垢地，名最後身。蓋等覺菩薩，進斷生相無明，即入妙覺果位而成佛。故尚餘隔一生，而爲候補佛之菩薩，實菩薩之最後身，俟前佛既滅，即補昇前佛所處之位。如彌勒爲釋迦佛之補處菩薩也。《大阿彌陀經》第三十三願：「我作佛時，凡生我剎者，一生遂補佛處。」

其數甚多，非是算數所能知之，但可以無量無邊阿僧祇說。

極樂國十方諸佛無量無數，故補處之菩薩亦無量無數。

舍利弗，衆生聞者，應當發願，願生彼國。

前已言衆生往生者，先例高美，以勸後來者宜急起直追也。《止觀》：「發願者，誓也。無願如牛無御，不知所趣。」〇《大智度論》：「莊嚴佛國事大，獨行功德不能成，故要須願力。譬如牛力，雖能挽車，要須御者，能有所至。」

所以者何？得與如是諸上善人俱會一處。

玄奘譯本，作「所以者何？若生彼土，得與如是無量功德，衆所莊嚴諸大士等，同一集會，受用如是無量功德，衆所莊嚴清淨佛土，大乘法樂常無退轉，無量行願念念增進，速證無上正等菩提故」。如是諸上善人，指無量無數之阿鞞跋致及一生補處而言。〇上善人，玄奘譯曰「大士」。士，事也。爲自利利他之大事者曰大士，菩薩之通稱也。亦或以稱聲聞及佛，則上善人者，亦聲聞菩薩之通稱也。

修持正行分第八

此言未生者，修行之易，勸人發願也。是爲一經正宗。〇此分内分四節：一緣起，二正行，三感果，四結勸。

舍利弗，不可以少善根、

少善根者，稍有善根也。〇善根者，身口意三業之善固不可拔曰根。又，其善能生妙果産餘善曰根。《維摩經・菩薩行品》：「不惜軀命，種諸善根。」《十住毘婆沙論》言三善根：不貪、不恚、不癡，一切善法從此生。《俱舍論》言四善根：一、煖法，煖必至涅槃。二、頂法，頂終不斷善。三、忍法，忍不墮惡趣。

四、世第一法，第一入離生。

福德因緣，

一切善行及善行所得之福利，皆曰福德。又世出世之福利功德，亦省曰福德。〇因緣者，猶於一物之生，親與强力者曰因，例如種子是。其附添弱力者曰緣，例如雨露及農夫是。茲以善根爲因，福德爲緣也。

得生彼國。

《維摩經・香積佛品》：「維摩詰言：『菩薩成就八法，於此世界，行無瘡疣，生於淨土。何等爲八？饒益衆生而不望報；代一切衆生受諸苦惱，所作功德盡以施之；等心衆生，謙下無礙；於諸菩薩，視之如佛；所未聞經，聞之不疑；不與聲聞而相違背，不嫉彼供，不高己利，而於其中調伏其心；常省己過，不訟彼短，恒以一心求諸功德。是爲八法。』」〇《觀無量壽經》：「欲生彼國者，當修三福。一者孝養父母，奉事師長，慈心不殺，修十善業。二者受持三歸，具足衆戒，不犯威儀。三者發菩提心，深信因果，讀誦大乘，勸進行者。如此三事，名爲淨業。皆往生之助行也。」〇《圓中鈔》：「此經往生正因的在一心持名，發願回向。如是善根，其功也多，其根也深。決得往生，永爲佛種。」

舍利弗，若有善男子、善女人，

佛常稱在家出家之男女曰善男子、善女人。善者，信佛聞法之美稱也。

聞説阿彌陀佛，

世有一聞人説佛名，心喜意淨，髮聳淚出，或前世曾行佛道宿修善本，此是宿生善因。又有一聞佛名，雖在惡趣，喜幸得聞，信心念佛，此是今生善類。

執持名號，

執持名號，亦省曰持名，即念南無阿彌陀佛也，亦省曰念佛。〇執持，謂專念不忘也。即歸命之義。歸命，梵語曰南無。有明持者，謂出聲稱念。有默持者，謂無聲密念。又有半明半默持者，謂微動唇舌念，咒家名曰金剛持。又有或記數持或不記數持者。又有或憶念無間，謂之事持；或體究無間，謂之理持者。〇顯體曰名，名外彰而號令天下曰號，其體一也。諸佛菩薩各有名號，而此所持念之名號，即阿彌陀佛也。

若一日，

《儀禮・士相見禮》疏：「若者，不定之辭也。」

若二日，若三日，若四日，若五日，若六日，若七日，

日者，一晝夜十二時也。指其人平時之日期而言，非臨終前之日期也。〇或一日乃至或七日者，尅念期也。尅定念阿彌陀佛名號之期間，視善根之利鈍，至少一日，至多七日，所以激發衆生念佛之願行也。〇七日者，世出、世間重其事者恒以七故，如齋戒七日。又如七日念佛，得免地獄是也。〇《大乘起信論》下：「或復令人，若一日，若二日，若三日，乃至七日，住於定中。」〇《般舟經》：「若人念彼佛一日晝夜，若過七日七夜，阿彌陀佛於覺不見，夢中見之。」〇《大集日藏經》：「欲生清淨佛刹，不生障礙。而此衆生，應淨洗浴，著鮮潔衣；菜食長齋，勿噉辛臭。於寂靜處正念結加，或行或坐，念佛身相，更莫他緣。或一日夜，或七日夜，至心念佛，乃至見佛。小念見小，大念見大，乃至無量念者，見佛色身無量無邊。」

一心不亂。

謂一心念佛不雜他念。或一日，乃至或七日，每日十二時中，一動一靜，念念在佛也。〇《智度論》二十六：「定心者，定名一心不亂。亂心中不能得見事實，如水波盪，不得見面，如風中燈，不能得點。」〇「一心不亂」四字，爲全經之要旨。《無量壽經》曰「一心繫念」，其義一也。口誦，心惟，言心則口自在中也。有事一心、理一心之别。事一心者，聞佛名號，常憶常念，以心緣歷，字字分明，前句後句，相續不斷，行住坐卧，唯此一念，無第二念，不爲貪瞋煩惱諸念之所雜亂。是屬定攝門，以未有慧故。理一心者，聞佛名號，不惟憶念，即念反觀，體究之極，於自本心，忽然契合。一則能念之心外無佛，所念之佛外無心，心佛爲一，故惟一心。又一則能念之心，所念之佛，非有非無，非亦有亦無，非非有非無，言思路絶，無可名狀，故惟一心。斯則能所情消，有無見盡，清淨本然之體，更有何法而爲雜亂。是屬慧門攝，兼得定故。

然此雖後者深於前者，實前者徹於後者，以理一心即實相故；實相者，即相即非相也。蓋專修此念佛三昧者，一心不亂，萬善同歸。如《觀無量經》之「三心」、《起信論》之「三心」，乃至《華嚴經》之「十心」，《寶積經》之「十心」，無不出此一心之所攝。學佛者所宜注意。〇覺明妙行菩薩曰：「善男子，心本無念，念逐想生，此想虛妄，流轉生死。汝當知此一句阿彌陀佛，不從想生，不從念有，不住內外，無有相貌，即是盡諸妄想，諸佛如來清淨微妙真實之身，非一非異，不可分別。如是念者，煩惱塵勞，無斷無縛，止是一心，必得一心，方是名爲執持名號，方得名爲一心不亂。」又作偈曰：「少說一句話，多念一句佛。打得念頭死，許汝法身活。」有問：「念佛不能一心，當作何方便？」菩薩曰：「汝但息想定慮，徐徐念去，要使聲合乎心，心隨乎聲。念久自得諸念澄清，心境絕照，證入念佛三昧。然平日必須多念，從千至萬，心無間斷，則根器最易成熟。若强之使一，終不一也。」

其人臨命終時，

時，將死之時也。命終，生命終了也。〇《莊子》曰：「死者人之終也。」

阿彌陀佛與諸聖衆現在其前。

《觀無量壽經》：「阿彌陀如來，與觀世音、大勢至、無數化佛、百千比丘、聲聞大衆、無量諸天、七寶宮殿，觀世音菩薩執金剛臺，與大勢至菩薩至行者前，阿彌陀佛放大光明，照行者身，與諸菩薩，授手迎接。」〇阿彌陀爲法藏比丘時，在自在王佛所，發四十八願。其第十九願，即於念佛者壽終之時，與衆迎之，名曰聖衆來迎願。○《楞嚴經》:「十方如來,憐念衆生,如母憶子。若子逃逝,雖憶何爲?子若憶母如母憶時,母子歷生,不相違遠。若衆生心憶佛念佛,現前當來,必定見佛,去佛不遠。」

是人終時心不顛倒,

顛倒者,平時不修正念,心多散亂;臨終時,一生所作,俱時現前,心神惶怖,動止慌張。應入地獄者,刀山劍樹,視作園林。應墮畜生者,馬腹驢胎,認爲堂宇。就令作善,合生人天,未免憎愛父母。乃至小聖初心,猶不能正知出入。皆所謂顛倒也。

即得往生阿彌陀佛極樂國土。

玄奘譯本,作「臨命終時,無量壽佛與其無量聲聞弟子、菩薩衆俱,前後圍繞,來住其前,慈悲加祐,令心不亂。既捨命已,隨佛衆會,生無量壽極樂世界清淨佛土」。○去娑婆世界,而往彌陀如來之極樂淨土,曰往。化生於彼土之蓮花中,曰生。○《法華經》:「即往安樂世界阿彌陀佛大菩薩衆圍繞住處,生蓮華中寶座之上。」○《大阿彌陀經》:「十方無央數世界諸天人民,以至蜎飛蠕動之類,往生阿彌陀佛刹者,皆於七寶池蓮華中生。」○《起信論》:「若人專念西方極樂世界阿彌陀佛,所修善根迴向,願求生彼世界,即得往生。常見佛故,終無有退。若觀彼佛真如法身,常勤修習,畢竟得生,住正定故。」

舍利弗,我見是利,

玄奘譯本，作「我觀如是利益安樂大事因緣」。○是，指念佛往生而言。○利，利益也，兼自、他二利。○《無量壽經》曰：「自利利人，人我兼利。」○《讚阿彌陀佛偈》曰：「自利利他力圓滿。」○《淨土論》曰：「應知由自利故，則能利他。非是，不能自利而利他也。」○《大寶積經·無量壽如來會》：「如是無等佛刹中，安處羣生當利益。」又云：「普爲羣生勇猛無退利益。」

故説此言。若有衆生聞是説者，

衆生，玄奘譯作「善男子、善女人」。

應當發願生彼國土。

重言以申勸。○玄奘譯曰：「一切皆應信受發願，如説修行，生彼佛土。」

同讚勸信分第九

此言是經爲諸佛所共讚，勸人生信也。○此分内分二節：一本佛讚，二他佛讚。

舍利弗，如我今者讚歎阿彌陀佛不可思議功德之利，

此句引起下文十方世界之「稱讚不可思議功德一切諸佛所護念經」六句。○如者，同一不二之義。攝下十方諸佛而言，明不獨我今見是利而讚歎，十方諸佛亦正在讚歎，如我今讚歎阿彌陀佛不可思議功德之利，則千佛萬佛無量諸佛異口同聲讚之。可信亦復何疑？○此經原名不可思議，以理深妙，事希奇，不可以心思，不可以言議故。○《維摩經注》曰：「不可思議者，凡有二種：一曰理空，非惑情所測。二曰神奇，非淺識所量。」○案：利者，非自利不能利他，固兼自他二利。然觀下十方世界稱一切諸佛所護念經者六，則偏重在護念往生者，「利」字當重在利他之義。○《法華文句記》：「功德利益者，只功德一而無異。若分別者，自益名功德，益他名利益。」○《大阿彌陀經》：「佛言：『不獨我今稱讚阿彌陀佛光明，十方無央數佛菩薩、緣覺、聲聞之衆，悉皆稱讚，亦復如是。』」

東方亦有阿閦音簇。《字彙》音初，謁。**鞞**彼頂切，音兵。**佛、**

亦者，承上「如」字而言，明同於釋迦之所爲也。餘五方不言亦者，從略。○阿閦鞞，亦曰阿閦婆，曰阿閦，華言曰無動，曰無瞋恚。阿，無也，不也。閦鞞，動也，瞋恚也。以法性常住故。○《妙法蓮華經・化城喻品》：「大通智勝佛未出家時，有十六王子，後皆隨父出家。其一成佛住於東方者曰阿閦佛。」

須彌相佛、

須彌，華言曰妙高，曰善高，曰善積，即今喜馬拉亞山。佛說此山爲衆寶所成，且高出羣山，故恒稱之。佛相無盡，如須彌故，曰須彌相佛。○據《妙法蓮華經・化城喻品》：十六王子之一，西北方作佛者，亦號須彌相佛。蓋佛名佛號相同者多，《法華》所云，與此東方之佛號名同，非一佛也。

大須彌佛、

須彌山有大小，佛法無盡，如大須彌山，故曰大須彌佛。

須彌光佛、

須彌山爲四寶所成，四寶皆有光明。佛法無盡，如須彌寶光，故曰須彌光佛。

妙音佛，

佛具六十四種梵音，佛法無盡，發美妙聲音故，曰妙音佛。

如是等恒河沙數諸佛，

《智度論》七：「問曰：『如閻浮提（閻浮提：閻浮，樹名，此樹於林中最大；提，名爲洲；閻浮提，須彌山南之大洲也。）中，種種大河，亦有過恒河者。何故常言恒河沙等？』答曰：『恒河沙多，餘河不爾。復次，是恒河是佛生處，遊行處，弟子現見，故以爲喻。復次，諸人經書，皆以恒河爲福德吉河，若入中洗者，諸罪垢惡，皆悉除盡。以人敬事此河，皆共識知，故以恒河沙爲喻。復次，餘河名字屢轉，此恒河世世不轉，以是故以恒河沙爲喻，不取餘河。』」○恒河沙數，極言其數之多也。

各於其國出廣長舌相，

《華嚴經》：「菩薩摩訶薩有十種舌。何等爲十？所謂開示演説無盡衆生行舌；開示演説無盡法門舌；讚歎諸佛無盡功德舌；演暢詞辯無盡舌；開闡大乘助道舌；徧覆十方虚空舌；普照一切佛刹舌；普使衆生悟解舌；悉令諸佛歡喜舌；降伏一切諸魔外道，除滅一切生死煩惱，令至涅槃舌。是爲十。若諸菩薩成就此法，則得如來徧覆一切諸佛國土無上舌。」又曰：「具廣長舌，解語言法。」○《智度論》八：「問曰：『如佛世尊，大德尊重。何以故，出廣長舌，似如輕相？』答曰：『舌相如是，語必真實。如昔佛出廣長舌，覆面上至髮際，語婆羅門言：汝見經書，頗有如此舌人而作妄語不？婆羅門言：若人舌能覆鼻無虚妄，何況至髮際？我心信佛必不妄語。』」○《法華經》：「世尊見大神力，出廣長舌，清淨法身。」○蘇軾詩：「溪聲便是廣長舌，山色寧非清淨身。」

徧覆覆讀去聲。**三千大千世界，**

《三藏法數》十二，引《長阿含經》曰：「一、小千世界，謂一日一月繞一須彌山，照四天下。山腰是四天王天所居，山頂是三十三天所居。此天之上有夜摩天、兜率天、樂變化天、他化自在天、梵世天。此名一世界。如此一千世界、一千日月、一千須彌山、一千四天下、一千四天王天、一千三十三天、一千夜摩天、一千兜率天、一千樂變化天、一千他化自在天、一千梵世天，總爲第一禪天所覆。是名小千世界。二、中千世界，謂以一千個小千世界則成中千世界。此中千世界中共有百萬日月、百萬須彌山、百萬四天下、百萬四天王天、百萬三十三天、百萬夜摩天、百萬兜率天、百萬樂變化天、百萬他化自在天、百萬梵世天、一千二禪天，總爲第二禪天所覆。是名中千世界。三、大千世界，謂以一千個中千世界則成大千世界。此大千世界中共有百億日月、百億須彌山、百億四天下、百億四天王天、百億三十三天、百億夜摩天、百億兜率天、百億樂變化天、百億他化自在天、百億梵世天、百萬二禪天、一千三禪天，總爲第四禪天所覆。是名大千世界。」○《大智度論》卷八：「問曰：『如爲婆羅門出舌相覆面，今舌相光明，何以乃至三千大千世界？』答曰：『覆面髮際，爲小信故。今爲般若波羅蜜大事興故，廣長舌相覆三千大千世界。』問曰：『是一城中人，盡得見此覆面舌相，猶尚爲難，何況今説摩訶般若波羅蜜一切大會，此及他方無量衆集而得盡見？又以人目所覩，不過數里，今言偏三千大千世界，無乃大而難信。』答曰：『佛以方便，借其神力，能令一切皆見舌相覆此三千大千世界。雖復十住，亦不知佛心。若加神力，乃至畜生，能知佛心，如《般若波羅蜜・後品》中説，一切衆人皆見阿閦佛會，與眼相對。亦如佛説阿彌陀佛世界種種嚴淨，阿難言唯願欲見，佛時即令一切衆會皆見無量壽佛世界嚴淨。見佛舌相亦復如是。佛以廣長舌相偏覆三千大千世界已，然後便笑。』」

説誠實言：

誠則真懇無僞，實則審諦不虛。所謂師子吼、無畏説，千聖復起不能易，萬世守之則爲楷者也。

汝等衆生，當信是稱讚不可思議功德

玄奘譯本，作「汝等有情，皆應信受如是稱讚不可思議佛土功德」。○稱讚，稱揚讚歎也。○理之深妙，事之希奇，以心不可思，以言不可議，是謂不可思議。○《法華玄義序》：「所言妙者，妙名不可思議也。」○《維摩經註》一：「生曰：『不可思議者，凡有二種：一曰理空，非惑情所測。二曰神奇，非淺識所量。』」

一切諸佛所護念經。

玄奘譯本，作「一切諸佛攝受法門」。○此釋迦佛引述東方諸佛各於其國土，對其衆生而呼之曰：「汝等衆生當信是稱讚不可思議功德之一切諸佛所救護衆生往生之法門。」○一切諸佛，總括三世十方諸佛之稱。

舍利弗，南方世界有日月燈佛、

此佛光明在天如日月，在地如燈，晝夜普照，故名。《法華經》有日月燈光佛。

名聞光佛、

名稱普徧，聞於十方，如日光照，無所不被。

大燄肩佛、

兩肩大放光燄燃照衆生之佛。

須彌燈佛、

如須彌爲燈廣照之佛。

無量精進佛，

無限量勇猛精進之佛。

如是等恒河沙數諸佛，各於其國出廣長舌相，徧覆三千大千世界，説誠實言：汝等衆生，當信是稱讚不可思議功德一切諸佛所護念經。舍利弗，西方世界有無量壽佛、

無量壽佛與阿彌陀佛，同一名義，而異佛。蓋佛之同名同號者正多也。

無量相佛、

或三十二相，或八萬四千相，或微塵相。福德無量，相亦無量。

無量幢音撞佛、

幢，幢旛也。功德高顯，如無量幢故。

大光佛、

大光普照。

大明佛、

明，明了也。明了一切智，破諸惑盡。

寶相佛、

相好如寶，經言八萬四千清淨寶目之類是也。

淨光佛，

淨光者，清淨之光。是以無染之智，發大光明。

如是等恒河沙數諸佛，各於其國出廣長舌相，徧覆三千大千世界，説誠實言：汝等衆生，當信是稱讚不可思議功德一切諸佛所護念經。舍利弗，北方世界有燄肩佛、

猶前言大燄肩佛，此不言大，義無優劣。

最勝音佛、

最勝音者，一切音聲，無能及故。

難沮音苴佛、

更無餘惑，所能沮止，故曰難沮。

日生佛、

如日東生，黑闇盡破。

網明佛，

智如珠網，千珠齊明。

如是等恒河沙數諸佛，各於其國出廣長舌相，徧覆三千大千世界，説誠實言：汝等衆生，當信是稱讚不可思議功德一切諸佛所護念經。舍利弗，下方世界有師子佛、

佛法無畏如師子。

名聞佛、

名號聞於遠方。

名光佛、

名號光於下界。〇此名聞佛、名光佛，與前言「名聞光佛」同名而異佛。

達摩佛、

達摩亦作達磨，華言曰法，曰軌則，曰軌持。以法成己成人，令諸生皆證法故。

法幢佛、

妙法高顯如幢故。

持法佛，

執持佛法不退轉故。

如是等恒河沙數諸佛，各於其國出廣長舌相，徧覆三千大千世界，説誠實言：汝等衆生，當信是稱讚不可思議功德一切諸佛所護念經。舍利弗，上方世界有梵音佛、

大梵天王所出之音聲，曰梵音，華言淨音。有五種清淨之音：一者，其音正直。二者，其音和雅。三者，其音清澈。四者，其音深滿。五者，其音遍周遠聞，聞者歡喜得淨妙道。故曰梵音佛。

宿音秀。王佛、

宿，星宿也。月爲星宿之王，故曰宿王。萬點星光，不如孤月，佛法如之。

香上佛、

香中之最上無比者，佛法如之。

香光佛、

其香發光，佛法如之。

大餤肩佛、

見前，同名異佛。

雜色寶華嚴身佛、寶華，至寶之妙華也。雜色寶華嚴身者，萬種寶華，莊嚴色身也。以萬行之因華，嚴

一乘之妙果，佛法如之。

娑音穌。羅樹王佛、

娑羅，華言曰堅固，亦曰最勝。此樹歲寒不彫，斧斤不損，爲樹中之王，佛法如之。○《法華經》：「妙莊嚴王，未來成佛，作娑羅樹王佛。」與此娑羅樹王佛，同名異佛。

寶華德佛、

佛德如寶華，常無彫落故。

見一切義佛、

如見知一切法者，佛無不知，如佛幼時名一切義成是也。

如須彌山佛，

須彌爲衆山之王。佛德超絶，如須彌山故。

如是等恒河沙數諸佛，各於其國出廣長舌相，徧覆三千大千世界，説誠實言：汝等衆生，當信是稱讚不可思議功德一切諸佛所護念經。

稱引六方諸佛，以證明此經爲諸佛之所護念。惟梵文原本本有十方諸佛，什法師譯本節去四隅諸佛名，今據玄奘譯本補録於下：「又，舍利子，如是東南方，亦有現在最上廣大雲雷音王如來。如是等佛如殑伽沙，住東南方自佛淨土，各各示現廣長舌相，遍覆三千大千世界，周匝圍繞，説誠諦言：『汝等有情，皆應信受如是稱讚不可思議佛土功德一切諸佛攝受法門。』又，舍利子，如是西南方，亦有現在最上日光名稱功德如來。如是等佛如殑伽沙，住西南方自佛淨土，各各示現廣長舌相，遍覆三千大千世界，周匝圍繞，説誠諦言：『汝等有情，皆應信受如是稱讚不可思議佛土功德一切諸佛攝受法門。』又，舍利子，如是西北方，亦有現在無量功德火王光明如來。如是等佛如殑伽沙，住西北方自佛淨土，各各示現廣長舌相，遍覆三千大千世界，周匝圍繞，説誠諦言：『汝等有情，皆應信受如是稱讚不可思議佛土功德一切諸佛攝受法門。』又，舍利子，如是東北方，亦有現在無數百千俱胝廣慧如來。如是等佛如殑伽沙，住東北方自佛淨土，各各示現廣長舌相，遍覆三千大千世界，周匝圍繞，説誠諦言：『汝等有情，皆應信受如是稱讚不可思議佛土功德一切諸佛攝受法門。』」

舍利弗，於汝意云何，何故名爲一切諸佛所護念經？　玄奘譯本，作「何緣此經，名爲稱讚不可思議佛土功德一切諸佛攝受法門」。○原題曰「稱讚不可思議功德一切諸佛所護念經」十六字，而此但言「一切諸佛所護念經」八字者，因前已將「稱讚不可思議功德」反覆申明。而此一切諸佛所護念經，義尚未明，故特言之。

聞法信願分第十

此言是經爲諸佛所護念，勸人信受，以發願也。○此分内分四節：一聞持，二信受，三隨願得生，四總結信願。

舍利弗，若有善男子、善女人，聞是經受持者，

聞即聞慧，受即思慧，持即修慧。聞即信義，受即願義，持即行義。〇《無量壽經》：「多菩薩欲聞此經而不得聞。」又偈云：「若不往修福慧，於此正法不能聞。己曾欽奉諸如來，故有因緣聞此義。」〇《勝鬘寶窟經》：「始則領受在心曰受，終則憶而不忘曰持。」

及聞諸佛名者，

聞者，聞六方諸佛名也。聞經受持，聞佛名者，亦應受持。〇《華嚴經》第六：「回向，復於佛所得聞佛名，轉更值遇無數諸佛。」〇《華嚴經》偈曰：「寧受地獄苦，得聞諸佛名。不願生天中，而不聞佛名。」

是諸善男子、善女人皆爲一切諸佛之所護念，

護念者，念佛之人，佛力保護，令其安隱，無諸障礙故。佛心憶念，令其精進，無有退墮故。〇《觀無量壽經》：「念佛衆生攝取不捨。」又曰：「念佛之人，阿彌陀佛常住其頂。」又十種利益云：「念佛之人，阿彌陀佛常放光明，攝受此人。」〇《十往生經》：「若有衆生念阿彌陀佛，願往生者，彼佛即遣二十五菩薩，擁護行者，若行若坐，若住若卧，若晝若夜，一切時，一切處，不令惡鬼惡神，得其便也。」

皆得不退轉於阿耨音耨。**多羅三藐**音眇。**三菩提。**

不退轉者，得道猛進，直達於涅槃而止也。○阿耨多羅三藐三菩提者，舊譯曰無上正徧知，曰無上正徧道，謂真正徧知一切真理之無上智慧也。新譯曰無上正等正覺，謂真正平等覺知一切真理之無上智慧也。○《維摩經注》曰：「阿耨多羅，秦言無上。三藐三菩提，秦言正徧知。道莫之大，無上也。其道真正，無法不知，正徧知也。」《淨土論註》曰：「佛所得法，名爲阿耨多羅三藐三菩提。阿爲無，耨多羅爲上，三藐爲正，三爲徧，菩提爲道，統而譯之，名爲無上徧正道。」《法華玄贊》曰：「阿云無，耨多羅云上，三云正，藐云等，又三云正，菩提云覺，即是無上正等正覺。」○案：阿耨多羅三藐三菩提，亦略言曰阿耨菩提。《涅槃經》曰：「阿耨菩提，信心爲因。」《智度論》曰：「衆生聞我名者，必得阿耨菩提。」《教行信證》曰：「阿耨菩提者，即是涅槃界。」○《無量壽經》：「聞我名已於阿耨多羅三藐三菩提有退轉者，不取正覺。」

是故，舍利弗，汝等皆當信受我語，

汝等，直指舍利尊者等諸聲聞衆、菩薩、衆天人衆兼及未來一切諸衆生等。○信受，信順聽受也。

及諸佛所説。舍利弗，若有人

若者，猶或也。

已發願、今發願、當發願，欲生阿彌陀佛國者，

已願、今願、當願，過去、現在、未來三時也。舉三時者，明有願者無一不生彼國也。

是諸人等，皆得不退轉

所修之功德善根，愈增愈進，不退失轉變，謂之不退轉。略名不聞，即梵語之阿鞞跋致也。餘詳前註。〇《十住毘婆沙論》：「若人疾欲至不退轉地者，應以恭敬心執持稱名號。」〇《無量壽經》上：「聞我名字不即得至不退轉者，不取正覺。」

於阿耨多羅三藐三菩提。

《法華經·序品》：「此於阿耨多羅三藐三菩提不退轉。」

於彼國土，若已生、若今生、若當生。是故，舍利弗，諸善男子、善女人，若有信者，應當發願生彼國土。

玄奘譯本，作「若有淨信諸善男子或善女人，一切皆應於無量壽極樂世界清淨佛土，深心信解，發願往生，勿行放逸」。〇《大寶積經》：「彼極樂世界所有衆生，或已生，或現生，或當生，皆得如是諸妙色身，形貌端正，神通自在，福力具足，受用種種宫殿、園林、衣服、飲食、香華、瓔珞，隨意所須，悉皆如念。」

互讚感發分第十一

此言佛佛互讚功德，勸人感發信心，求生淨土也。〇此分内分三節：一己讚諸佛，二諸佛讚己，三總結難事。以難信勸深信，收拾全部經旨。

舍利弗，如我今者稱讚諸佛不可思議功德，彼諸佛等亦稱讚我不可思議功德，而作是言：

玄奘譯本，作「如我今者，稱揚讚歎無量壽佛極樂世界不可思議佛土功德，彼十方面諸佛世尊，亦稱讚我不可思議無邊功德」。○是言，指下文而言。

『釋迦牟尼佛，

《佛地論》：「佛姓釋迦，號牟尼。」○慧苑《音義》下：「釋迦，能也。種族望稱也。」○《釋迦譜》一：「釋迦，釋義齊云能。《瑞應本起》亦云『釋迦爲能』，其解是同。」○《法華玄贊》：「牟尼，寂號也。今略云文。」○慧苑《音義》下：「牟尼，此云寂默也。德行之號。」○《大日經疏》十三：「牟尼是佛都號也。」○解詳前註。

能爲甚難希有之事。

事之甚少者曰希有。○嘉祥《法華疏》三：「曠世所無故言希有。」○《法華經・序品》：「是不思議，現希有事。」

能於娑婆國土，

玄奘譯本，作「乃能於是堪忍世界」。○娑婆，華言曰堪忍、曰能忍。娑婆國土即娑婆世界也。亦曰穢土，曰忍土。衆生安忍貪瞋癡等諸煩惱，不肯出離。三惡五趣之所雜會，一佛攝化之境土也。○《法華文句》：「娑婆此翻忍，其土衆生，安於十惡，不肯出離。從人名土，故稱爲忍。」〇《法華經》云：「云何名娑婆？是諸衆生，忍受三毒及諸煩惱，故名忍土。」

五濁惡世，劫濁、見濁、煩惱濁、衆生濁、命濁中，

五濁，以劫濁爲總，餘四濁爲别。劫濁之中有四濁，惟以四濁故，而成劫濁也。故一、劫濁，謂至二萬年已後，見等四濁勃起之時。二、見濁，謂身見、邊見等之見惑，劫濁時之衆生，感起此濁。三、煩惱濁，貪瞋癡等一切修惑之煩惱，劫濁時之衆生，盛起此濁。四、衆生濁，謂劫濁時之衆生，因見濁、煩惱濁之結果，人間之果報漸衰，心鈍體弱，苦多福少。五、命濁，亦以前二濁之結果，壽命漸縮少，乃至十歲之短促。〇《法華經·方便品》：「諸佛出於五濁惡世，所謂劫濁、煩惱濁、衆生濁、見濁、命濁。」〇《行事鈔資持記》：「言五濁者，一劫濁（劫濁無别體，但四濁聚於此時。《法華》云：從減劫人壽二萬歲時爲劫濁），二見濁（五利使），三煩惱濁（五鈍使），四衆生濁（亦無别體。攬前利鈍果報，立此假名），五命濁（連持色心，摧年促壽）。」

得阿耨多羅三藐三菩提，爲諸衆生説是一切世間難信之法。』

一切世間，總稱所有穢土之謂，甚深微妙，一切世間，衆生不容易信受之教法，故曰難信之法也。〇《法華經》：「咸得聞知一切世間難信之法。」

舍利弗，當知我於五濁惡世，

玄奘譯本，作「當知我今於此雜染堪忍世界五濁惡時」。

行此難事，得阿耨多羅三藐三菩提，爲一切世間説此難信之法，是爲甚難。」

流通普度分第十二

此屬流通分，以佛説法，普度一切衆生也。○此分内分二節：一重舉聽衆，二信受奉行。

佛説此經已，舍利弗及諸比丘一切世間天人阿修羅等，

天人阿修羅者，六趣中之三善趣也。六趣者，隨衆生業因之差別，有所趣向之六所，曰六趣，亦曰六道。一曰地獄趣，八寒八熱等之苦處也。在於地下，故曰地獄。二曰餓鬼趣，常求飯食之鬼類所生處也。雜處人趣之間，而不可見。三曰畜生趣，亦曰傍生趣，即禽獸之生所也。多與人界，同一依所，爲眼所可見。四曰阿修羅趣，常懷瞋心，好戰鬬，大力神之生所也。以深山幽谷爲依所，與人隔離。五曰人趣，人類之生所也，分爲閻浮提等之四大洲，但四大洲隔離，力不得通者不可到。六曰天趣，身有光明，受自然快樂之衆生，名曰天。欲界六所，及色界、無色界，皆彼之生所也。○阿，華言曰無。阿修羅，華言曰非天，又曰劣天，曰無善神，乃似天非天之義。常與帝釋戰鬬之神也。

聞佛所説，歡喜信受，

歡喜者，接觸順情之境，身心喜悦也。○《法華經・譬喻品》：「歡喜踴躍。」○結歸信受者，從始至終，信

爲根本。因信生願，因願起行，從初發心，次得往生，究竟成佛，皆資信力也。

作禮而去。

作禮，作敬禮也。○《寶積三昧文殊菩薩問法身經》：「一切歡喜，作禮而去。」○《觀無量壽經》：「聞佛所說，皆大歡喜，禮佛而退。」

圖書在版編目(CIP)數據

阿彌陀經箋註/丁福保著. —上海：華東師範大學出版社，2014.7
(普陀山佛學叢書)
ISBN 978 - 7 - 5675 - 2382 - 1

Ⅰ.①阿…　Ⅱ.①丁…　Ⅲ.①净土宗-佛經②《阿彌陀經》-注釋　Ⅳ.①B946.8

中國版本圖書館 CIP 資料核字(2014)第 173113 號

普陀山佛學叢書

阿彌陀經箋註

著　　者　丁福保
點 校 者　星　月
特約編輯　鍾　錦
項目編輯　龐　堅
裝幀設計　上海紅邦品牌營銷傳播聯合機構
封面題字　華人德

出版發行　華東師範大學出版社
社　　址　上海市中山北路 3663 號　郵編 200062
網　　址　www.ecnupress.com.cn
電　　話　021 - 60821666　行政傳真 021 - 62572105
客服電話　021 - 62865537　門市(郵購)電話 021 - 62869887
地　　址　上海市中山北路 3663 號華東師範大學校内先鋒路口
網　　店　http://hdsdcbs.tmall.com

印 刷 者　浙江臨安曙光印務有限公司
開　　本　889×1194　32 開
印　　張　3.875
字　　數　72 千字
版　　次　2014 年 10 月第 1 版
印　　次　2018 年 12 月第 3 次
書　　號　ISBN 978 - 7 - 5675 - 2382 - 1/B · 872
定　　價　18.00 元

出 版 人　王　焰